사회과 수업과 내러티브

저자 소개

홍미화

서울교육대학교를 졸업하고 한국교원대학교 대학원에서 사회과교육을 전공하였다. 기존의 수업분석 방식을 거부하고 사회과 수업의 특질을 인간의 삶과 결부하여 미시적으로 드러내는 방식의 연구를 추구한다. 사회과 수업과 관련한 질적 연구와 비평, 그리고 교사지식 연구와 내러티브 글쓰기에 관심이 많다. 현재 춘천교육대학교 사회과교육과 교수로 재직하고 있다.

사회과 수업과 내러티브

초판 발행 | 2024년 2월 8일
지 은 이 | 홍미화
발 행 인 | 이주한
발 행 처 | 춘천교육대학교 출판부
등록 번호 | 제457호

주소 | 춘천시 공지로 126(석사동, 춘천교육대학교 본관 110호)
전화 | (02) 922-7090   팩스 | (02) 922-7092

편집 디자인·유통 | (주)도서출판 하우
등록번호 | 제2016-000017호
주소 | 서울시 중랑구 망우로68길 48
전화 | (02) 922-7090, 922-9728 팩스 | (02) 922-7092
homepage | www.hawoo.co.kr

값 14,000원
ISBN 979-11-92326-10-8 93370

이 저서는 2022년도 춘천교육대학교 연구교수 지원을 받아 연구되었음.

사회과 수업과 내러티브

Social Studies Classes and Narratives

홍미화 지음

 춘천교육대학교 출판부

여는 글

수업의 사건과 교육적 내러티브

작가는 사건을 경험함으로써 글을 쓰기 시작하고, 그 글이 다시 대중의 평범한 일상을 깨뜨리는 하나의 사건이 되길 기대한다. 그들에게 있어 사건은 일어나는 것이며, 글쓰기는 그 사건에 대한 자신의 자발적이고 창의적인 행위에 해당한다. 사건을 인식한다는 것은 살아있음을 증명하는 일과 다르지 않은 것이다.

이와 달리 교육에서의 사건은 일어나지 않아야 하는 위험한 순간이고, 특히 수업에서의 사건은 교육을 방해하는 문제 상황으로만 인식되고 있다. 그러나 수업에서 아무 일도 일어나지 않는다는 것은 기억할 교육적 경험도, 성찰해야 할 교육적 난제도 없음을 뜻한다. 알고 보면 지금 우리가 지키고 있는 교육적 준거들 또한 일련의 사회 변화와 사건으로 인해 새롭게 만들어지고 변형된 것들이다. 교육에서의 사건이 교육 자체를 불안하게 만들고 있다는 의심은 오히려 교육의 변화와 발전을 회피하는 것에 가깝다. 교사들이 수업에서 사건을 마주하는 일은 배움과 가르침의 행위에서 일어나는 존재와 인식의 문제를 예리하게 느끼고 판단함으로써 바람직한 개선을 유도하는 중요한 지점인 것이다.

한편, 그러한 교육적 사건을 이야기한다는 것은 그 사건이 교육적으로 가치 있기 때문일 것이다. 사건은 순간 일어나 사라지기 때문에 중요한 교육적 사건을 기억하고 공유하여 성찰하기 위해서는 사건을 내러티브화하는 것이 필수적이다. 교육을 행하는 일은 아이와의 특별한 대화에 주목하는 일로, 교육에서의 내러티브는 아이와 마주하는 교사의 특별한 사고 양식과 더불어 아이와의 대화를 이끌어가는 담론의 차원, 그리고 그 담론으로부터 만들어지는 특별한 이야기 자체와 관계된다. 교사는 아이와의 특별한 대화, 즉 교육의 과정에서 일어난 특별한 사건에 주목함으로써 내러티브를 시도한다. 교육에서의 내러티브는 교육적 삶에서 일어나는 교사와 아이의 특별한 이야기, 즉 각자의 자기 존재를 드러내는 일이며 그 이야기를 통하여 생성되는 새로운 이야기를 만들어가는 일이기도 하다. 교육의 사건을 이야기하고 내러티브로 남기는 일은 교육적 주제를 공유함으로써 새로운 교육으로의 도전을 즐기도록 도와준다.

이 책은 사회과 수업에서의 사건과 내러티브에 주목함으로써, 그 교육적 의미와 가치를 독자와 함께 나누고자 한 책이다. 수업을 통하여 교육 세계를 이야기한다는 것은 수업에서 일어나는 개인의 특별한 경험과 사건에 주목하여 교육적 담론을 시도하는 것이자, 그로부터 발견되는 새로운 교육 문제를 찾아 대화를 즐기는 것을 말한다. 이러한 입장에서 이 책에 담긴 사회 수업 이야기는 독자의 자유로운 시선과 대화를 유도하기 위한 담론의 소재이자, 사건의 양상과 더불어 교사의 관점에서 무엇이 수업의 사건일 수 있으며 그것이 어떻게 내러티브로 생성되는지를 보여주는 일종의 범례라고 할 수 있다.

이 책은 2부로 구성되어 있다. 1부는 사회과교육에서의 사건과 내러티브의 의미를 '사건'과 '내러티브' 각각의 개념 및 그 관계에 천착하여 논의하였다. 나아가 내러티브가 부재한 기존의 사회과 수업지도안 형식을 비판하고 텍스트성에 기반한 내러티브적 사회과 수업지도안 구성을 제안하였다. 2부는 사회과 수업에 나타난 다양한 내러티브적 양상을 사회과 지리수업 사례를 중심으로 추론함으로써 그 의미와 쟁점을 파악하였다. 나아가 예비교사의 사회과 역사수업과 경력교사의 사회과 정치수업에서의 유의미한 사건을 중심으로 사회과 수업 내러티브의 교육적 의미를 확인하였다.

이 책이 출간되는 순간까지 필자는 글쓰기의 부족함은 물론 수업을 글로 담는 일의 난해함을 또 한번 깨닫게 되었다. 특히 사회현상을 가르치고 그 변화에 주목하는 사회과 수업을 아날로그적 방식으로 남기는 글쓰기 작업은 더욱 그러하다. 수업을 글로 담는 일은 수업의 과정을 시간적 흐름에 따라 기술하는 단순한 작업이 아니다. 그것은 수업자가 믿고 행하는 의지와 연행을 따라가는 작업이자, 수업에서의 사건을 그들의 교육적 시선으로 보아야 하는 통찰적 작업이기도 하다. 이 책은 그에 미치지 못하는 지극히 졸작에 가깝다. 그럼에도 불구하고 그들의 가르침에 깃든 소중한 이야기를 내러티브 형식으로 담아 오래 기억하고 함께 이야기하고자 하는 마음이 크다. 수업의 세계에서 일어나는 일련의 사건은 교육을 해치는 독소가 아니라, 새로운 교육을 위한 성찰과 도전의 계기이기 때문이다.

　마지막으로 때 이른 11월의 강추위와 함께 시작한 기초작업부터 겨울의 한복판 지루한 마무리 작업까지 함께 고생하신 하우 출판사의 송인성 팀장님과 섬세한 편집부터 내용 교정과 보완 작업까지 살뜰하게 챙겨 준 김영주 선생님, 그리고 곽혜송 선생님을 비롯하여 이 책 곳곳에 숨어 있는 수업 당사자인 선생님들 모두에게 깊은 감사를 드린다.

2024년 1월 봄내에서
홍미화

차례

2장 사회과교육에서의 내러티브

3장 사회과 수업지도안에서의 내러티브

2부.

사회과 수업,
내러티브로 보다 —————————————— 91

 1장 사회과 수업에서의 내러티브

 2장 예비교사의 역사수업 이야기

3장 현장교사의 정치수업 이야기

제1부의 내용 일부는 저자의 논문(2013b, 2017)을 보완하여
재구성한 것입니다.

1부.

사회과 수업,
내러티브를 만나다

— 교육을 내러티브로 본다는 것은 교육의 세계를
   사건에 천착하여 본다는 것을 의미한다.
   사건을 본다는 것은 인간 삶의 경로와 그 변화의
   지점에 주목함을 말한다.
   수업을 사건으로 본다는 것은 누가 무엇을 어떻게
   왜 하는지를 교육적으로 사유할 수 있도록
   내러티브화한다는 것이다.

사건은 전적으로 문제와 관련된다. 사건이 문제로 규정될 수 없다면 그것은 사건이 아니다. 인간 경험과 세계 이해에 목적하는 사회과는 그로부터 발생하는 문제에 항상 주목한다. 문제의 발견은 사건이 일어나고 정동(情動)하여 의미가 생성되고 있음을 뜻한다. 수업의 사건은 관념에서 벗어난 특별한 의미의 내러티브를 만들며 교사지식의 형성을 돕는다.

사회과교육, 사건, 수업의 사건, 사건과 의미, 사건과 내러티브, 들뢰즈

1. 사건이 일어난다는 것

어떤 일이 일어난다는 것은 기존의 상태를 깨뜨리는 모종의 상황이 발생함을 뜻한다. 그것은 어떤 일이 일어나기 전의 상태와 일이 일어난 후의 상태, 그리고 그 전후 상태의 문제나 달라짐을 감지하는 누군가가 순간 동시에 존재함을 말한다. 여기서 주목할 점은 그 어떤 일이라는 것이 사물 간, 혹은 사물과 대상 간의 어떠한 부딪침을 이유로 발생하고, 그렇게 발생한 상태의 변화로 인해 누군가는 이전과 다른 무엇을 맞이한다는 점이다. 사건이 일어남으로써 인간은 존재의 특이성을 드러내며, 그로부터 그 존재의 새로운 세계가 열리는 것이다.

사건 자체는 매우 순간적으로 나타나 다시 사라진다. 어떠한 상태의 전과 후 사이에 발생하여 다시 사라짐에도 불구하고, 사건은 인간 존재 스스로 삶을 사유하게 하거나 새로운 변화를 이끌어가도록 유도한다. 사건은 순간적으로 우연히 일어나기 때문에 우리가 기억하는 일련의 사건은 사건이 일어나는 그 순간 포착되기보다는 사건이 발생한 이후 그 영향력에 따라 인식되거나 기억을 지속한다. 사건이 일어나는 순간에는 사건이라는 것을 느끼거나(의미라고 지각하는 일종의 sense) 정동(affect)하지 못하지만, 순간적으로[1] 당시의 감각들(당혹스러움이나 기쁨 등)을 떠올리고 의미를 발견하며 문제 상황을 인지한다. 사건을 사건이라고 부르기까지는 순간적인 강렬한 파토스와 강한 추인 동력, 그로 인한 새로운 판단 등이 관여한다. 물론 일반적으로 우리가 인지하는 거대한 역사적 사건들은 일순간 일어난다기보다 인간 존재와 세계의 변화를 수반하는 수차례의 미시적 사건이 지속적으로 발생, 누적되어 형성된 것이다. 이를테면 고려의 멸망이나 조선의 건국, 임진왜란과 같은 역사적 사건들은 한순간 일어나 사라진 단 하나의 사건이라고 말할 수 없다. 그것은 다수의 존재를 변화시킨 미시적 사건의 연속적 나타남과 사라짐, 그리고 잠재된 다른 사건과의 결합과 변용 등을 반복하며 계열화를 이루어 사실의 파편을 한 공간으로 모으거나 촘촘하게 혹은 느슨하게 꾸려 형성된 작은 사건들의 집합체다.

사건은 사물이 아니라 사물 간의 관계로부터 일어난다. 그것은 우연한 어떤 부딪침의 지점에서 마음을 움직이는 어떤 힘이 일어나 존재를 인식하면서 변화를 주도한다. 즉 기존의 평온함을 깨뜨리는 어떤 것을 감지하는 순간 사건은 일어나는 것이다. 누군가에게 그 순간은 이전과 다른 특별한 어떤 것의 발생 지점을 뜻한다. 순간 나타나고 사라진 소소한 움직임이었음에도 불구하고 그 움직임은 기억되고 다시 나타남을 반복하며 존재의 이전과 이후의 차이를 감지하도록 만들며 삶을 변화시킨다. 고요한 일상에서 무언가의 움직임으로부터 발현되어 누군가의 마음을 작동시키고 의미를 만들며 이전과 다른 삶의 변화를 가져오는 것이다. 우리 삶의 소중한 순간들은 모두 이러한 사건으로 구성되어 있다고 해도 과언이 아니다. 인간이 세계에 존재한 이래 무수한 사건이 일어나고 사라져갔다. 사건은 삶을 구성하고 관통하는 중요한 기제였음에도 불구하고 오랫동안 인간 존재를 논하는 담론으로는 인정받지 못하였다. 인간이 기억하는 대부분의 중요한 순간들은 일련의 기록으로 남아 의미있는 사건으로 기억되고 있음에도 불구하고, 사건은 다시 재현되지 않고 영속할 수 없다는 논리, 즉 재현될 수 없는 시뮬라크르, 가상, 환영, 본질적이지 않은 것의 일종이기 때문에, 인간 존재를 규명하는 사유의 대상으로는 인정할 수 없다는 것이다(박민수, 2012, 148). 사건이 사실의 근원임에도 사유의 대상은 오히려 사건 자체가 아니라 기록된 사실에만 있다고 믿어 온 것이다. 이러한 입장은 서양 철학의 역사 속에서 굳건하게 이루어져 왔다.

사유의 대상은 온전하고 견고하며 영속하는 형태여야 한다는 플라톤적 관념론에 따르면, 사건은 무한하고 가변적이며 경계가 불분명한 사라짐 수준의 정도에 불과하다. 따라서 사라진 그 무엇을 다시 드러내는 재현과 그 방식에 대한 논의 또한 가치 없는 것이었다. Deleuze는 이러한 입장을 지속한 서양 근대 철학의 견고함[2]을 비판하고 사건을 통한 사물과 현상의 '마주침'과 '됨'에 주목한다. 들뢰즈의 주장에 따르면 플라톤과 아리스토텔레스, 그리고 크리스트교를 거쳐 데카르트와 칸트에 이르기까지 대부분의 서양 주요 사상들이 모두 이와 비슷한 독단적 사유의 이미지에서 벗어나지 못하였는데, 그 이미지가 바로 '견고함'이다. 견고함이란 무상하지도 않고 사라지지도 않는 어떤 한계와 질서, 통일성을 갖게 하는 초월적인 그 무엇이다(박민수, 2012, 151).[3]

들뢰즈는 이러한 견고함이 인간의 사유방식 또한 고정시켜 왔다고 보았다. 인간은 오히려 그 견고함을 버리게 하는 우연, 그리고 우연으로부터 발현되는 '못 견딜 것만 같은 내적 추동력', 일종의 정동(affect)과 정동에 의해 변화하려는 의지의 생성, 그리고 그 과정을 통해 다른 주체가 되어 가는 것을 스스로 즐기고 사유하며, 자신의 정체성을 인식하는 존재이다. 우리가 경험하는 세상은 애초부터 견고하지도 고정되어 있지도 않다. 들뢰즈는 새로운 사유의 시작을 위하여 '새로운 사유의 이미지', 곧 '생성적 사유의 이미지'를 받아들일 것을 주장하는데, 그것은 초월적 대상을 전제하지 않고 환경을 독단적으로 전제하지 않는, 우리가 경험하는 지금 여기의 현실에서 이루어지는 사유의 이미지이다. 사유의 대상을 미리 정하거나 사유의 결과를 예측하지 않고, 인간 삶에서 '우연적'으로 발생하여 '차이'와 '생성'을 유발하는 과정에서의 고통과 즐거움으로부터 새로운 질문을 던지고 의미를 찾고자 하는 것이다. 우연에 의해 발생하는 사건, 사건으로부터 일어나는 변화와 생성, 즉 사건의 사유는 본래부터 고정되어 있지 않았던, 동일시되지 않는 지금의 세계를 인정하는 것으로 이것이 진정한 사유이다. 사건 그 자체가 순간적이기 때문에 실체는 없으며, 그래서 사건의 존재론적 사유가 불가능하고 사건 자체의 위상 또한 부여할 수 없다는 논리는 일상의 삶에서 순간적으로 만들어지고 다른 길을 선택하는 중요한 지점, 즉 의미 있는 삶으로의 변화를 유도하는 어떤 순간 자체를 부정하는 일이다(이정우, 1998, 147).[4]

사건은 특성상 언어로 표기될 수 있을 뿐 그 실체를 온전히 재현하기 어렵다. 언어로 표기될 뿐 실체를 증명하기 어렵다. 학생이 어떠한 문제를 푸는 순간의 '난감함'과 '불안함' 등과 같은 언어적 표식은 그 학생이 당황하는 그 순간의 사건을 알리는 중요한 표현방식이지 사건 자체는 아니다. 사건은 이렇게 언표를 통하여 기록되어 사건의 의미를 이해시킬 뿐, 그 언표 자체, 즉 학생, 문제 등과 같은 사물 자체만으로는 대변하기 어렵다. 사건은 물체나 대상으로부터 그냥 발생하는 것이 아니라, 학생이 문제를 푸는 과정, 그 순간 일어나는 어떤 느낌과 힘으로부터 생성된다. 학생이 시험을 보는 순간 '불안하게 된' 것이고 문제를 푸는 순간 '당황하게 된' 것이며 스스로도 믿기 어려운 결과가 나온 것이다. 이렇게 사건은 일상을 채우고 있는 세계의 표면과도 같다. 지금 여기 우리 곁에서 발생하는 사물 이면의 표면이 곧 사건이다.

2. 사건을 사유한다는 것

Bergson은 지적 관념보다는 경험적 직관으로 사건 개념을 바라보았으며, Lyotard는 양가적 감정이 충돌할 때 수반되는 숭고 체험으로서의 사건을 강조하였다. 한편, Alain Badiou는 사건이란 비가시적인 적, 즉 사유할 수 없던 것을 드러내

사회과 수업과 내러티브

는 그 무엇으로 보고, 사건이란 미지의 가능성이 실존한다는 것을 알게 하는 일련의 제안이라고 보았다(김조은, 2018, 64). 이들은 각기 다른 방식으로 사건을 표현하고 있지만, 사건 자체가 인간의 내적 삶에 대한 구체적인 관점을 반영하고 있다는 점에는 모두 동의한다. 이들은 인간이 어떤 특정 양식에 맞추어 존재와 경험을 확인하고 사유하기보다는 사건이 일어나는 순간의 감지와 그로 인한 변화, 그리고 영향력을 응시함으로써 철학적 사유가 깊어질 수 있음을 인정한다. 이들은 기존의 철학적 관점에서 벗어나 사건이 곧 사유의 대상이어야 함을 말한 것이다.

이러한 특성은 앞서 말한 들뢰즈의 사건 개념에서도 동일하게 나타난다. 사건이란 어떠한 일이 이목을 집중시킬 만한 뜻밖의 일이 됨(되어감)을 의미한다. 이것은 보편적이고 일반적인 논의로 일관되어 가는 것, 즉 통념상 일정한 보편성으로 귀결되는 것을 배제하는 것이다. 즉 들뢰즈의 사건(événement)은 공통 감각으로 동일하게 사유되는 것이 아닌, 어떤 마주침으로 인해 Sense와 Nonsence의 경계에서 일어나 그 힘으로(일종의 affect) 기존의 내면에 충격이 가해짐으로써 발생하는 것에 가깝다. 그것은 새로운 사유의 이미지로 발현된 예기치 못한 사태인 것이다(김지호, 2019, 356).

사유가 시작되려면 의문의 대상과 의문을 풀어갈 방식이 있어야 한다. 인간 존재 너머에 있는 초월적인 무엇, 통일되고 질서 있는 견고한 그 무엇은 의문의 여지를 주지 않는다. 그런 측면과 달리 사건은 일어남과 동시에 의문을 제기한다. 사건은 인간이 인식해야 할 사유의 대상이 될 수 있고, 인식의 확장을 요구하는 사태 자체이기도 하다. 인간에게 사건은 의문의 여지를 품게 하는, 그래서 새로운 해결을 동반하는 문제임과 동시에, 기존의 확신이나 믿음과는 다른 차원, 즉 내적 갈등을 초래하는 어떤 문제를 다른 방식으로 도전해야 함을 동반한다.

이러한 사건의 본성은 한순간 강제된 새로운 사유를 발생시킨다. 사건이 일어나는 순간, 주체의 의지는 그 사건과의 감응을 통하여 새로운 사유의 과정으로 진입한다. 만약 이때 주체의 의지가 없다면 사건과의 조우나 감응, 사유 또한 없다. 사건을 사유한다는 것은 사건으로부터 수반된 새로운 문제를 직면함과 동시에 그에 대응하는 에너지와 용기, 그리고 이전과 다른 세계에 대한 믿음을 발현시켜 새로운 자아를 생성하고 변화의 의지를 갖게 하는 것을 의미한다. 삶의 방식 자체를 문제화하여 기존의 관습과 한계를 이기고 새로운 인간이 되도록 하는 것이다. 이러한 사건의 본성은 자기 성찰을 동반하고 내적 변화를 유도하며 실천 또한 동반한다. 들뢰즈는 사건으로 인해 인간은 자신을 새롭게 인식하며, 사건의 사유를 통하여 새로운 존재로의 성장과 변화가 가능하다고 언급한다.

이상의 논의에서 사건을 사유한다는 것은 다음의 세 가지를 암시하고 있음을 알 수 있다. 첫 번째는 사건이 문제적이라는 것이다. 사건은 전적으로 문제들과 관련되며 문제의 조건들을 정의하는 데 관여한다(김지호, 2019, 357). 발생한 어떤 사건은 어떠한 문제가 있음을 암시하는데 이것이 사건화(문제화)를 통하여 규정되지 않는다면 더 이상 그것은 사건이 아니다. 따라서 사건은 알려져 있다기보다 알려지지 않은 사실, 즉 현재 주어지지 않거나 답이 없는 것과 관련하여 진행된다.

두 번째는 사건이 의미화의 과정이라는 점이다. 들뢰즈는 사건이 일어남과 동시에 의미가 발생한다고 보았다. 즉, 사건 자체는 아무런 것도 가지고 있지 않은 상태이지만, 사건이 인간에게 의미를 동반케 함으로써 아무것도 아닌 상태에서 벗어나 무의미하지 않은 어떤 경험의 계열성을 감지하게 된다. 사건은 어떠한 사물이나 비 물체적인 것에 던지는 질문과 의문으로 인해 드디어 의미[5]를 갖추고, 더 나아가 의미화가 가능해진다. 사건의 의미화는 곧 존재의 주체성을 대변하는 것으로, 질문과 의문의 방향이 삶의 의미와 연결될 경우 의미화가 이루어진다. 사건 자체는 의미와 무의미를 주로 겨냥하지만, 의미화된다는 것은 결국 주체성을 전제로 사유가 적극적으로 이루어지고 있음을 말한다. 그 사회가 보편적으로 인정하는 규준이나 동질감을 의심 없이 맹목적으로 따르거나 좇아가는 것이 아니라 존재 스스로 즉, 주체적으로 의미를 생성하는 과정에 진입하여 형성하는 것이 의미화이다.

세 번째는 사건은 계열화를 통하여 의미화된다는 것이다. 사건이 어떠한 방향으로 의미화를 이루려면 사건들은 어떠한 계열성을 갖추어 진행되어야 한다. 앞서 말하였듯이 사건 자체는 의미가 없을 수 있지만, 그 사건 전후 발생한 여러 사건과의 연계 고리가 있을 때, 보다 적극적으로 의미가 창출되고, 이것이 이전 계열과 구조적으로 반응하면서 적극적으로 의미화가 일어난다. 사건은 이를 겨냥한 각각의 구성물로 작동되는데, 이들은 위계가 있다기보다는 사방으로 열린 공간에 다양한 위치, 다양한 형태로 존재한다. 그러한 공간은 무수한 계열로 얽힌 무의식적인 공간이다. 어떤 일이 일어남으로써 정서적 순환이 강력하게 작동되는 그 공간은 주체가 자발적으로 받아들인 다양한 의미와 의미체가 무한한 계열을 이루어가고, 상충과 친밀, 공존과 교차 등의 만남을 통하여 무수한 기표와 기의를 구성해간다. 동일한 사건이라도 기표와 기의의 작용에 의하여 여러 갈래로 계열화됨으로써 서로 다른 양상으로 꾸려지고 변화할 수 있는 것이다. 계열 구성의 차이로 인하여 사건은 다른 특징과 요소로 새롭게 생성되어 언표화될 수도 있다. 사건과 동시에 발생하는 계열화를 통하여 의미는 겹을 만들고 확장하며, 다양한 관점을 내포하며 현실을 새롭게 재구성하려는 의도를 만들어간다.

결국, 사건의 사유란 사건을 주체적으로 응시하고 그에 따른 질문을 마땅히 행하며 다양한 생산의 과정을 계열화하고 형성하며 새로운 미래를 생성해내는 일련의 과정을 의미한다. 사건의 사유는 지배 권력이 만든 관습과 형식을 탈피하여, 순간 만나는 사건을 응시하고 기존에 버려진 것을 자신의 시선으로 사건화하고 의미화하여 생성과 변화를 이루어간다. 즉 사건의 사유는 주체의 '되기'를 지향하는 것이다. 찰나의 사건에서 '되기'로의 과정은 또 다른 주체를 생성하고 나아감을 의미한다. 이질적인 어떤 것과 부딪히며 새로운 의미를 만들어가고자 하는 실천적 행위가 내포된 것이 바로 '되기'이다. 그것은 주체를 변화시키는 관점이자 의지의 발현이며 타자와는 다른 자아의 성찰을 전제하는 내적 힘의 발현이다. 현실에서 사건을 마주하고 새로운 배치를 희망하며 다시 현실을 바꾸고자 하는 의지이다. 사건이 주체적으로 어떠한 상태임을 감지하고 깨닫는 순간이라면, '되기'는 그것을 실천의 장에서 발현하는 단계라고 할 수 있다. 사건 자체는 '되기'를 포함하지 않지만, '되기'는 사건의 의미와 실천을 동반한다.

사건을 사유하고 의미를 생성하며 실재적 되기를 반복하는 일을 통해 삶은 다시 새롭게 변화하고 이전과 다른 차이를 갖추게 된다. 사건과 되기는 이론적 논의를 벗어나 삶에서 구체적으로 연동될 때 가치가 있다.

3. 사회과교육 연구에서의 사건

사회과는 사회 현상의 인식과 문제 사태의 해결에 주목하는 교과로서, 이를 위한 교육이란 사회과학적 개념과 일반화 지식을 획득하고, 나아가 고급사고력을 수반하는 교육임을 견지해 왔다. 즉 사회과를 통해 길러야 할 인간은 사회과 내용의 토대가 되는 다양한 학문적 식견과 보편적 지식을 이해함으로써 이루어질 수 있다는 것이다. 그러나 사회가 급변하고 인간의 삶 또한 기존의 상황과 다름에도 불구하고, 사회과에서의 학습은 여전히 개념과 이론에 천착하여 사태를 분석하고 관련 문제를 해결하고자 하였고, 교사교육 과정 또한 이른바 사회과 학습의 대표적 모델이라 불리는 탐구학습과 문제해결학습, 의사결정학습, 개념학습 등을 배움으로써 시민을 길러낼 수 있다고 믿어왔다.

그런데 이러한 일반적이고 보편적인 사회과학적 지식과 교수 이론이 학생의 삶을 직시하고 당면한 문제 사태를 해결하는 데 얼마나 기여하였는가에 대한 응답의 결과는 매우 부정적이다. 이를 바탕으로 최근 개정된 교육과정 총론에서 강조하는 역량 개념은 견고함과 보편성을 갖춘 일반화된 이론과 내용 지식 차원은 아닐 것이다. 교사와 학생 모두 교육과정과 교과서를 배움으로써 지금 현재 우리가 직면한 사회적 문제 상황과 교육 사태를 보다 잘 해결할 수 있다고 믿지 않는다. 사회과 교육과정과 교과서는 급변하는 사회저 환경과 문제를 직질하게 반영하였다기보다는 오히려 애써 무시하는 수준에 머물고 있다.

지금 현재 학생과 교사가 겪고 있는 문제는 이미 누군가의 어떠한 교육적 사건에서 불거진 것들로부터 시작된 것이다. 지금도 제기되고 있기에 그 사건은 단순히 누군가의 사건이나 문제만으로 볼 수 없다. 우리가 누리는 사적 세계는 공적 세계와 항상 결부되어 있다. 이를테면 우리는 교실수업에서 발생하는 예기치 않은 우연한 상황과 그로부터 직관적으로 감지되는 사건들을 통하여 지금 우리 사회의 변화와 문제, 그리고 그 사태의 해결을 바라는 존재로 변화해 가는 것이다. 사건을 통해 드러나는 사회의 변화를 인정하고 그로부터 나타나는 문제를 이해하며 그에 대응하는 시민을 기르는 일은 사회 교과서에 기술된 문제를 정해진 절차에 따라 해결할 때 가능한 일이 아니라, 교육 공간에서 우연히 일어나 주체 스스로 문제를 직시하게 만드는 일종의 충격으로 다가오는 그러한 사선을 마주할 때보다 가능한 일이다.

교육이 지향하는 보편적 인간상은 도덕적 덕목을 갖춘 교양있는 시민으로부터 디지털 소양을 갖춘 역량 있는 시민에 이르기까지 시대에 따라 수시로 변화해 왔다. 확실한 것은 국가 발전과 관계지어 교육의 본질과 가치를 내세우고 모범으로서의 시민상을 제시하던 시기에서 세계 변화의 요인과 문제, 그리고 해결을 위한 창의적 역량을 발휘해야 하는 시민을 요구하는 시기로 변하였다는 점이다. 알다시피 앞으로의 교육은 지금까지 인식해 왔던 교육이론이나 신념으로 실천되기 어려울 수 있다. 교육은 지금까지와 달리 더욱 빠르게 변화를 시도하고 대응해나가야 할 것이다. 즉 교육에서 변화를 인식하고 새로운 시도가 요구되는 순간이 곧 사건이 일어나는 순간이다. 교육 세계에서 일어나는 사건에 주목함으로써 교육은 새로운 변화와 생성을 시도할 수 있는 것이다.

그동안 교육에서의 사건은 없어야 하고 있을 수 없는 일로 여겨졌고 그러하기에 축소되거나 은폐되어 왔다. 교육은 신성한 일이므로 애초부터 문제는 없어야 옳다는 견고함이 작동하고 있는 것이다. 그러나 교육에서의 사건은 애초에 없었던 것이 아니라 항상 함께 있어 왔다. 그것은 어떤 경우에는 소소하고 작은 울림 수준에서 어떤 경우는 시급히 처리해야 할 사태로 항상 교실 속에 존재해 왔으며, 교육 주체들은 그러한 사건을 통하여 경험을 쌓고 의미를 확인하며 대안을 만들어 온 것이다. 우리가 미주했던 크고 작은 사건으로부터 지금의 교육이 이루어졌음에도 불구하고, 교육 주체들은 그것을 '사건'이라고 칭하거나 그 의미를 공유하기보다는 오히려 사건은 덮어야 할, 혹은 없어도 될 수준의 일로 버려둔 것이다.

교육에서의 사건은 종종 교육 주체의 트라우마나 고통, 희열과 쾌함 등과 같은 강렬한 파토스를 만든다. 각각의 사건들은 서로 다른 시간, 다른 공간에서 다른 이유로 발현되지만, 비슷한 경험의 사건을 떠올리고 연관시키는 순간, 사건들은 결합을 통해 새로운 의미를 생성한다. 각각의 사건이 성질의 사건과 결합하여 거대한 사건, 거대한 문제로 인식될 수 있는 것이다. 사건은 수많은 시뮬라크르를 동반하며 새로운 사유의 과정을 거치면서 특별한 변화의 의지를 생성시킨다. 이는 교육환경과 존재의 관계에서, 혹은 교육 대상 간, 교육 주체 간, 혹은 교사 자신의 특별한 경험 간, 그리고 이들 간의 다양한 관계 맺음 과정과 그 차이로부터 발현된다.

학교 교육의 중심인 수업에서의 사건은 보편적 형식과 절차, 범례와 기준이 작동되지 않는 어느 순간 우연히 일어난다. 일반적인 수업에서는 예상하지 못한 어떤 사태, 즉 대상과 현상의 마주침, 혹은 부딪힘으로부터 우연히 발생하여 학생과 교사의 감정을 두드리고 순간적 에너지를 일으키며 갑자기 나타난다. 이것은 기존의 수업 문화가 만든 단단한 코드를 깨뜨리고 그 순간, 정해진 단계나 시간의 완결성을 강요받기 어려운, 그래서 정해진 수업의 목표를 향해 가던 패턴을 잊게 만든다. 교육 이론에 따른 모범적인 수업의 형식에서 벗어나 새로운 사회과 수업다움을 만들고, 대상에 대한 선입견을 넘어서서 '이전과 다른 그 무엇을 하게 하는 강한 기운'을 생성시킨다. 사회과 수업에서 사건을 인지하는 일은 사회과를 가르치는 교사로서의 교육적 감식안을 발견하는 일이자, 자신의 사회과 수업 정체성을 확인하고 자기 존재의 변화와 생성을 마주하는 일인 것이다.

지금까지 사회과교육에서 '사건'과 관련한 연구는 다음의 세 가지 차원에서 시도되었다. 첫 번째는 사회과 역사 수업이나 지리 수업의 내용과 관련한 연구들이다. 여기에는 역사적 사건이 학생의 생활에 미치는 영향을 다룬 연구(이해영, 2016), 역사적 금기 영역으로서의 제주 4.3사건에 대한 역사 수업 방안을 다룬 연구(곽병현, 2008), 조선 건국과 관련한 역사적 사건을 중심으로 예비교사의 역사 수업 성찰 과정을 다룬 연구(홍미화, 2019), 그리고 지리교육에서 역사적 사건을 어떻게 접근하여 가르치고 있으며 그 의미가 무엇인지를 다룬 연구(조성욱, 2017) 등이 있다. 이들 연구에서의 '사건'은 역사나 지리영역에서 다루는 수업의 내용이자 소재로서의 '역사적 사건'과 관련된 것이며, 주로 역사적 사건을 교사와 학생이 어떻게 이해하고 있는지, 혹은 이를 가르치는 방안이 어떠해야 하는지에 초점을 두고 진행되었다.

두 번째는 사건 개념을 활용하여 역사 수업의 의미를 찾고자 한 연구이다. 이 연구에는 들뢰즈(Deleuze, 1969)와 케이건(Kagan, 2007)이 제시한 사건과 정서 개념을 활용하여 사회과 역사 수업을 읽고 이를 통하여 사회과 수업의 의미를 확인한 연구(류현종, 2014)가 있다. 이 연구는 사회과 수업의 의미는 수업목표 도달로 형성되는 것이 아니라, 수업참여자에게 어떠한 의미가 있는가와 관련된다고 보고, 그것은 수업에서 생생하게 기억되는 일련의 사건과 그로부터 수업을 관통하는 수업참여자의 정서적 측면을 이해할 때 가능하다고 본다. 즉 수업은 기존의 수업 질서나 코드로 이해하기보다는 수업의 흐름에 유연하게 반응하는 어떤 잠재된 힘과 욕망, 즉 '사건'으로 인정해야 하며 이것이 사회과 수업을 어떻게 변화시키며 수업참여자의 정서를 어떤 상태로 유도하는가에 주목해야 한다는 것이다. 사회과교육에서 강조하는 사고, 사고 과정 또한 수업의 사건과 정서를 토대로 이해될 수 있다고 보는 이 연구는 사건과 정서가 교육의 실천적 차원에서 어떤 위치로 어떤 역할을 할 수 있는지를 보여준다.

세 번째는, 들뢰즈의 '사건' 개념으로 지역을 이해하고 그 특징과 문제를 지적함과 동시에 대안을 제시한 연구이다(김병연, 2018). 이 연구는 지리교육에서 지역이 하나의 성질로 표현되거나 재현되는 것을 거부하고 그동안 드러나지 않았던 지역의 다양성과 특수성을 발견하는 유효한 개념으로서의 사건을 제시한다. 사건으로 지역을 본다는 것은 지역의 가변성과 유동성, 잠재성과 현재성을 인정하고 지역의 의미를 다양하게 계열화함으로써 지역의 차이를 수렴하고 새롭게 만드는 것을 의미한다는 것이다. 이는 곧 지역을 하나의 관점이나 하나의 방식으로 사유하지 않는 것이며 지역의 다양성과 새로움을 토대로 지역의 정체성을 만들어가는 수업의 의미를 제시한 것이다. 이 연구는 사회과 지리영역 수업에서 천편일률적으로 다루고 있는 지역 개념을 해체하고 그동안 보지 않았던 지역의 공간을 확장해 냄으로써 학생이 현실에 존재하는 공간을 실제로 사유하고 새로운 생성의 공간으로 경험하기를 기대하는 것으로 기존 수업의 해체를 제안한다고 볼 수 있다.

사회과교육 관련 연구물에서 인급한 사건들은 역사교육의 내용이자 소재로의 역사적 사건을 통칭하는 '사건', 수업의 의미를 확인시키는 준거이자 수업을 기억하고 생성하게 하는 기제로서의 '사건', 그리고 사회과 내용 영역의 개념을 새로운 차원으로 확장하여 이해하도록 하는 '사건'의 차원에서 다루고 있다. 종합해 보면 사회과교육에서의 사건은 여전히 '역사적 사건'이라는 역사영역의 내용에 다수가 치중되어 있다. 사건을 역사교육의 내용과 소재로만 인지할 경우, 사건은 지금 교육의 세계에서 펼쳐지는 실제 현상과 문제, 그것으로부터 일어나는 새로운 수업의 변화를 인정하고 활용할 수 있다는 사건의 중요한 의미와 가치가 배제된다.

사건으로 수업을 본다는 것은 하나의 관점이나 하나의 방식으로 수업을 사유하지 않는 것이며 개별 사건의 다양성과 새로움을 토대로 교과의 정체성, 혹은 수업의 정체성을 찾아가도록 유도하는 것이다. 사회 변화와 시민 존재의 성장에 기여하는 사회과 수업은 수업의 소재로만 기능하는 사건 개념에서 벗어나 수업의 사건, 즉 교육을 생산하고 비판하며 창조하는 개념으로서의 '사건'을 인지하고, 학습자와 교사 모두의 지적 성장과 시민 되기에 주목하여 연구할 필요가 있다.

4. 사회과 수업에서의 사건과 내러티브

교육 실천의 장인 교실수업은 사건의 인지와 사건의 사유, 그리고 사건의 의미화를 통한 교육 주체의 '되기'를 지향한다고 볼 수 있다. 교실은 우연한 사건이 만들어지는 교육적 공간이며, 그곳에서 일어나는 사건들은 이전과 다른 새로운 교육의 문제를 인지하는 순간이 되며, 그것을 해결해가는 교육적 노력이 곧 사건의 의미화 과정이자 수업 그 자체이다. 수업을 사건으로 본다는 것은 교과서와 교육과정으로 교육의 문제를 처방하는 것이 아니다. 그것은 우연히 교육 공간에서 벌어지는 사건 자체가 주체에게 던지는 교육적 의문과 문제를 간파하고 그 사건을 의미화하는 과정에서 새로운 인간 존재의 '되기'에 주목하는 것을 말한다.

사회과는 사회 현상에 대한 이해에 기초하여 자신의 삶과 세계와의 관계를 끊임없이 확인하고 삶을 영위하도록 유도하는 사고와 실천의 교과이다. 여기서 사회 현상에 대한 이해는 과학적 증거 사례로서 인식되는 세계가 아니다. 사회 현상을 이해하기 위하여 과학적 지식과 이론이 필요한 것은 맞지만, 그것만으로는 급변하는 사회 현상을 이해하기 어렵다. 오히려 학생들은 일상적인 삶 속에서 일어나는 새로운 경험에 주목함으로써 사회를 이해하고 현상을 인지할 가능성이 더 크다. 이것은 교육 활동의 규칙과 일반화보다는 우연히 발생한 예측 불가능한 사건의 발현과 경험에 비추어 세계를 감지하고 자기 존재를 확인하는 것과 관련된다.

학교는 교사와 학생의 일상적 삶과 공적 삶이 동시에 존재하는 공간이다. 학교라는 교육 공간에서 교사와 학생은 끊임없이 새로운 상황에서 크고 작은 사건을 마주한다. 그 과정에서 교사와 학생은 교과서가 알려주지 않은 새로운 문제를 제기하고 공동의 사고로 문제를 해결하고자 노력한다. 이로써 그들은 스스로 자기 존재를 확인하고 교육적 삶의 또 다른 변화를 인정하게 된다. 학교는 이와 유사한 무수한 사건을 통하여 인간과 세계의 관계를 이해시키는데, 여기서의 사건은 그 이면의 기억된 인간 경험과 그로부터 발생한 많은 시뮬라크르의 의미, 그리고 그것을 사유하며 자기 존재를 성장시켜가는 모든 과정을 인정하는 개념이다. 사회과교육에서 사건의 가치를 인정한다면 그것은 사회 현상을 이해하는 방법으로서의 내러티브는 물론, 사회과 수업을 표현하는 방식으로서의 내러티브가 중요함을 의미한다. 사회과 수업에서 기적되고 선택된 사건을 이야기로 기록하고 공유하며 소통하는 일은 사회과수업의 딜레마와 특질을 확인하고 새로운 사회과수업을 창조할 수 있도록 유도하는 계기일 수 있다.

내러티브는 인간 세계를 재현하는 형태 중의 하나로, 인간을 이해하고 표현하는 보편적이고 자연스러운 방식이다. 그러나 인간이 세계를 이해하고 경험하는 차원은 매우 다양하고 복잡하여 인간의 삶을 재현하는 방식으로서의 내러티브를 명확하게 정의하는 것은 불가능하다(조인숙, 2014, 51). 내러티브를 이야기(story)와 플롯(plot)의 관계로 보는 경우, 이야기는 묘사된 사건의 총합, 플롯은 사건 간의 상관관계가 묘사되도록 도와주는 인과관계의 사슬을 뜻한다(Cobley, 2001). 즉 스토리는 이미 만들어진 완성품이라면, 내러티브는 완성되어가는 미완성적인 어떤 것이나. 내러티브는 특정 사건을 재현하여 보여주거나 말해주는 행위이지 이를 위한 선택 방식이다. 즉 내러티브는 이야기와 플롯을 내포하는 보다 상위의 개념이며(소인숙,

2014, 52), 내러티브에서의 사건은 의미있다고 저자(혹은 화자)가 정동하고 정동되어 선택한 의미있는 소재이다. 선택된 사건에 의미를 부여하여 만들어신 서사(화사)의 내러티브는 독자(혹은 청자)의 공감을 얻고 몰입을 추동하며 지식과 기능을 넘어서 독자의 자기해석과 자아 성장을 유도한다. 내러티브가 멈추고 않고 지속적으로 생성되며 순환한다는 성질에 비추어 볼 때, 저자의 내러티브는 자신의 표현임과 동시에 자신의 내러티브를 새롭게 변형시키는 일, 나아가 독자의 내러티브를 생성시키는 일을 한다.

이러한 내러티브의 개념과 의미에 비추어 볼 때, 사회과교육에서의 내러티브는 교육내용으로서의 역사적 사건이나 사회적 사건을 소재로 한 내러티브라는 일차원적 의미를 넘어서, 사회과 수업에서 일어나는 다양한 사건, 그리고 수업의 사건에서 교사가 기억하고 선택한 사건을 중심으로 생성되는 내러티브, 나아가 이를 글로 재현하고 소통하며 새롭게 만들어진 담론적 성격의 내러티브에 이르기까지 다양한 내러티브 방식, 모두를 의미한다.

가령, 사회과 수업에서 학습의 동기를 유발하기 위하여 선택한 어떤 이야기[6]를 들려주고 그에 대한 느낌을 질의하였을 때, 교사가 의도하지 않은 학생의 행위와 발언으로 인해 안정된 수업이 깨지고 교사가 난감함을 느꼈다면 이것은 교사와 학생 모두에게 하나의 사건이다. 그러나 이 사건을 통해 교사가 본래 유도하려던 일반적인 수업목표와 달리 특별하고 의미있는 그들의 수업이 만들어진 경우, 그것은 실패한 수업이라기보다는 오히려 그들에게는 새로운 내러티브를 생성하게 한 의미있고 가치있는 수업이 되는 것이다. 이때 교사가 들려주는 이야기 사례에도 사건은 내포되어 있고, 안정된 수업을 깨뜨리는 수업의 사건도 있으며, 수업의 사건을 통하여 새롭게 변화한 교사의 수업 내러티브도 생성된다. 나아가 이러한 수업의 사건을 선택적으로 기억하고 소통하기 위해 기록한 교사의 수업 이야기, 즉 교사의 수업 내러티브 또한 생성되는 것이다.

천편일률적이었던 기존의 수업은 우연한 사건을 마주함으로써 새로운 수업으로 전환된다. 특히 사회과 수업에서의 사건을 마주하는 일은 어떤 문제에 직면하여 보다 바람직한 변화를 시도하고자 하는 바람직한 시민 형성을 유도하는 중요한 과정이다. 수업에서 사건을 만난다는 것은 성찰하고 실천하는 시민을 자연스럽게 유도하는 소중한 기회인 것이다.

사건은 수업 안과 밖에 존재하며 교사와 학생의 내러티브를 생성시키는 매개가 된다. 즉 수업에서의 사건은 새로운 문제를 만들고 의미화를 유도하며 새로운 수업을 생성시키는 것이다. 교육에서의 사건은 교육 공간에서 우연히 일어나는 대상 간의 관계로부터 순간 일어나고 사라지지만, 그 지점은 교사와 학생에 의하여 의미가 발생하고 내러티브가 만들어지는 창조의 시간이기도 하다.

사회과 수업에서의 사건은, 첫째, 수업에서 마주하는 우연한 일의 발생과 그 의미체의 구성인자로서의 사건(학생과 교사 간, 교사와 교재 내용 간, 학생과 학생 간, 그 외 대상 간의 관계 표면에서 드러나는 현상 간의 부딪침) 둘째, 학생 스스로, 혹은 교사 스스로 수업의 어떤 순간, 자신의 주체적 응시를 통하여 마주하는 사건, 셋째, 발생한 사건으로부터 어떠한 사람으로 되어감에 주목하여 만들어지는 사건 등이 있다. 교육에서의 사건은 수업의 주체를 인정하게 하고 살아있게 만든다. 사회과 수업에서의 사건은 감정과 정동 중심의 사회 변화를 이해하는 방식으로, 규칙과 이론 중심의 코드화된 교육에서의 해방과 탈주의 필요성, 그리고 이를 통한 새로운 자기 지식 생성자로서의 시민되기라는 교육적 메시지를 담고 있다.

수업을 사건으로 본다는 것은 교사와 학생이 수업에서 무엇을 받아들이고 어떻게 의미를 찾는지 세밀하게 살펴본다는 것으로, 수업 내러티브의 생성을 인정하고 그 의미를 확인하는 것이다. 즉, 수업을 사건으로 보게 되면, 수업에 내포된 사건, 즉, 사건 중심의 수업 내러티브 생성이나 그 사건에 대한 교사와 학생 각각의 목소리에 초점을 둔 특별한 수업 내러티브 형성 등 다양한 내러티브의 생성과 그 의미를 인정하게 된다.

2장.
사회과교육에서의
내러티브

일상의 경험에 의미와 형태를 부여함으로써 내러티브는 만들어진다. 그러한 내러티브의 힘은 인간이 세계를 이해하는 과정에서 드러난다. 우리는 사건이나 사물, 사람을 언급할 때 순수하게 객관적이고 중립적으로 말하기 어렵다. 그것은 오히려 내러티브로 표현함으로써 쉽게 이해될 수 있다.

> 사회과교육, 내러티브, 스토리텔링, 인간에 대한 이해, 세계에 대한 이해, 리쾨르

1. 내러티브 연구 담론

내러티브는 말이나 글 등으로 표현된 이야기와 그것에 화자의 감정이나 느낌을 담아 이끌어가는 담화, 두 가지 모두를 포함하는 말이다. 따라서 내러티브는 이야기하고자 하는 현상이나 사건에 대한 의미화 과정의 표현이자, 화자와 청자의 이야기 소통과정 자체를 의미하기도 한다.

내러티브 담론은 문학과 영상학, 교육학은 물론 철학과 심리학, 수학 등 전 학문 분야에서 꾸준히 환영받고 있다. 나아가 일각에서는 미디어 정보 매체와 결합한 이야기를 스토리 혹은 스토리텔링이라고 일컬으며 다양한 형태의 이야기를 포섭하여 연구하기도 한다. 이야기의 속성을 지닌 내러티브는 대상에 대한 흥미와 몰입을 제공하고, 세계에 대한 상식과 교양을 습득하게 한다는 점에서 앞으로도 관심의 대상이 될 것이다.

그동안 교육과 관련한 내러티브 담론은 학습자들이 경험하지 못한 사회와 문화에 대하여 관심을 갖도록 유도하는 최선의 방법이라는 입장을 유지해 왔다. 알다시피 인간은 우리 주변의 사회와 문화 현상을 거대한 이론에 비추어 구조적으로 파악하기보다 개인의 경험과 관련한 이야기, 그리고 그와 관련한 파편적 사실을 공유함으로써 쉽게 이해한다. 삶은 개인에 따라 다양하게 펼쳐지며, 그 다양성만큼 창출되는 이야기의 형태나 영역 또한 매우 넓다. 이야기의 범위는 개인과 개인, 혹은 개인과 집단 간의 관계 등에 의하여 다양하게 증폭된다. 현대 사회는 개인이 창출한 이야기 듣기에 주목하는 것에서 나아가, 최신 매체를 활용한 흥미롭고 주목할 만한 이야기를 만들어 내는 일에도 열광하다. 이야기가 현대인이 즐기는 상품과 문화로 재생산되는 시대에 이른 것이나.

교육학 분야에서 지속적으로 연구된 내러티브 사고 양식과 내러티브 교육과정 담론은 도덕교육이나 문학교육, 심지어 과학교육과 수학교육에서도 적극 수용·연구되고 있다. 사회과교육에서의 내러티브 연구는 내러티브 개념과 내러티브 사고 양식을 동시에 포함하며 다음과 같은 측면에서 시도되었다. 첫째, 사회과 교수학습 활동 및 수업 방법 측면(김한종, 1999; 이정연, 2011; 정길용, 2009), 둘째, 역사 교과서나 사회과 교재 구성과 관련한 측면(이영효, 2003; 안정애, 2006; 강선주, 2011; 송상헌, 2006), 셋째, 지리 수업에서의 내러티브 조망 측면(조철기, 2011) 등이다. 이들 연구는 대부분 사회과교육 자체보다는 역사와 지리 교육적 측면에서 전개되고 있으며, 주제 또한 수업 방법이나 교과서(교재) 서술양식으로서의 내러티브에 집중되어 있다.[7] 사회과교육에서 내러티브는 과연 어떠한 가치가 있는 것인가? 사회과교육에서 내러티브가 가치 있다면 그 이유는 또한 무엇일까? 이러한 의문은 사회과교육의 본질과 관련하여 탐색할 필요가 있다.

내러티브는 사회과 수업에서 자주 활용하는 수업 방법이자 이야기 자료임이 분명하다. 그런데 그 이전에 내러티브 자체는 인간을 이해하는 가장 근본적인 삶의 양식이자, 타자와의 소통 방식이다. 이러한 내러티브의 속성은 인간과 인간의 관계, 인간과 사회와의 관계를 중시하는 사회과교육, 주변의 사회 현상에 대한 바람직한 인식을 지향하는 사회과교육, 의사소통과 합리적 결정을 중시하는 사회과교육의 성격과 밀접하게 연관되어 있다. 이 장에서는 내러티브의 속성과 의미를 추적함으로써 사회과교육에서 내러티브가 지닌 가치와 가능성을 확인한다. 이를 위하여 우선, 인간에 대한 이해를 추구하는 내러티브의 의미를 확인하고, 둘째, 내러티브와 사회과교육과의 관계를 파악하여, 셋째, 사회과교육에서의 내러티브 가치를 이해하기로 한다.

2. 내러티브의 세 가지 의미

가. 인간 존재 규명으로서의 내러티브

데카르트의 코기토(cogito ergo sum) 선언[8] 이후 인간의 이성은 몰지각한 감정을 다스리는 가장 강력한 힘으로 군림한다. 그러나 현대 사회에 이르러 강제적 이성의 군림은 대상에 대한 인정과 공감을 부정하고, 도전과 경쟁만을 지나치게 강조하게 함으로써 인류 공동의 위기를 능동적으로 해결하기 어렵게 하는 요인으로 본다. 사회 전반에서는 인간애의 기본인 감성을 끌어낼 수 있는 다양한 방편들을 찾고자 하고 있으며, 내러티브는 이러한 가운데 인간애를 확장하는 훌륭한 방편으로 구제되었다. 현대 사회에서의 내러티브 담론은 사회 개선과 학문의 새로운 도약을 위한 필수적 아이템으로 위치하고 있다.

사실 내러티브는 합리주의나 객관주의의 증폭으로 발생한 인류 사회의 질병을 치료하기 위해 새롭게 등장한 것이 아니다. 인간이 세계에 존재한 이래 내러티브는 인간과 함께 존재해 왔고, 인간이 내러티브를 취하거나 버렸을 뿐이다. 이야기를 이야기하는 인간은 그러한 이야기와 이야기하기를 통하여 자신의 입장을 전달하고 타인의 입장을 이해하는 상호 소통과정을 역사적으로 반복해 왔다. 이야기의 반복은 구전과 설화, 역사 등으로 오늘날까지 전수되고 있으며, 현재 우리는 그것을 통하여 과거의 인간 존재와 사건을 만난다. 인간은 태어남과 동시에 언어라는 특별한 문화식 도구를 통하여 이야기를 섭한다. 이야기를 접한 청자는 그에 대한 반응을 보내기도 하고 자신의 이야기를 들려주기도 한다. 이야기는 이렇게 시간과 장소를 초월하여 존재한다. 이에 대하여 Barthes(1987)는 내러티브를 다음과 같이 표현한 바 있다.

> 세상에 대한 무수한 내러티브가 존재한다. 내러티브는 무엇보다도 다양한 장르를 통하여 구성된다...(중략)... 내러티브는 모든 시대, 장소, 사회에 존재한다. 내러티브는 인류 역사의 시작과 함께 존재했고.... 인생이 그 자체로 존재하는 것처럼 내러티브도 그 자체로 존재하는 것이다(Barthes, 1987, 79).

인간의 삶이 내러티브 자체라는 뜻은 이야기가 단순히 무엇인가를 이해하기 위한 것이라는 말과는 다르다. 합리적 이성을 지닌 인간 존재는 자신에게 던져진 텍스트를 분석하고 검증하며 저자와 동일한 혹은 보다 나은 해석을 실현한다. 반면, 인간의 삶을 이야기와 동일하게 본다는 것은 내러티브 자체를 삶을 바라보는 주체의 문제로 보는 것이다. 이것은 사람 자체가 곧 지식이라고 보는 폴라니의 견해와 유사하다(이재호, 2010, 30). 그러나 인간의 삶이 내러티브라는 것은 내러티브를 해석하는 주체의 인식과는 다른 의미로 투사될 수도 있다. 즉 인간의 존재 방식이 내러티브 그 자체인 것이다. 하이데거의 현―존재(Da-sein), 즉 거기에 있는 존재라는 것은 그저 대상을 바라봄으로써 이해 가능한 존재가 됨을 의미하는 것이 아니며, 거기 있음으로써 질문하는 존재, 존재함으로써 이해하는 존재론적 인간을 의미한다. 인간이 존재함으로써 그 이야기가 존재한다. 즉 인간은 세계 내 존재인 것이다(Heidegger, 이기상 역, 1998, 80-93). 인간이 이야기를 통하여 혹은 이야기함으로써 타자를 이해한다는 것은 인간이 이해하는 존재임을 드러내는 방식이다. 이해라는 것은 존재하는 자의 것이며, 세계에 던져진 존재임을 그대로 의미하는 것이다. 인간은 내러티브적 존재이고 내러티브에 대한 이해가 곧 인간에 대

사회과 수업과 내러티브

한 이해이다.

나. 이야기와 담화로서의 내러티브

내러티브는 서사학을 토대로 하는 문학 분야에서 가장 오래도록 연구되었다. 서사학은 스토리를 연구의 대상으로 다루는 학문으로, 이때의 서사란 곧 내러티브이다. 구조주의적 관점을 도입하여 발전한 서사학은 내러티브를 스토리(story)와 담화(discourse)로 나누어 설명하고, 서사의 내용이 곧 스토리, 서사의 표현은 곧 담화로 본다. 초기의 내러티브는 주로 이야기나 설화로 번역되었지만, 번역상 오해의 소지 때문에 '내러티브'라는 원어를 그대로 사용하는 경우가 늘었다. 내러티브를 '이야기'로 한정하여 번역할 경우, 담화의 과정이 생략되어 단편적으로 나열된 단순한 이야기 소재로 오인할 수 있기 때문이다. 스토리와 담화로 이루어진 내러티브는 청자와 화자를 전제하기 때문에 주체 간의 소통에 관여하는 모든 형태의 서사를 포괄하는 용어로 위치하게 된다. 스토리는 담화를 통하여 전달되고 담화는 인간의 소통체계에 기여한다. 따라서 내러티브는 의사소통을 전제로 하는 서사물의 모든 형태를 의미한다고 보게 되었다.[9]

한편 현대의 실용학문 분야나 매체에서 자주 사용되는 스토리텔링(storytelling)은 스토리(story)와 텔링(telling)의 합성어로 텍스트 중심의 스토리를 벗어나, 텔링(telling) 즉 실연행위에나 딕뷰생에 주목히여 생성된 개념이다. 스도리텔링은 스도리를 텔링하디, 즉 스도리를 드러내고 나타낸다는 이미를 갖춤으로써 이야기하기(narrating)를 상소한다. 따라서 스도리텔링은 이야기를 쓰거나 말하는 행위 전반을 포괄하면서도 매체와 방식의 다양성을 인정하는 용어로 사용된다. 최혜실

(2006)은 다양한 매체에 공통적으로 귀결되는 원질을 스토리텔링으로 보고 다양한 매체라는 특성을 '이야기'로만 기술하기에는 오해의 소지가 있고, '내러티브'라고 하기에는 이야기 구조에 집중되므로 '스토리텔링'으로 일컫는 것이 적절하다고 주장한다.

그러나 이 경우 스토리텔링은 디지털 매체와의 결합이 아닌 것은 포섭하지 못하게 되거나, 이야기 자체보다는 이야기하기에 주목하는 텔링의 특성을 포괄할 수 없다는 점이 지적될 수 있다. 스토리텔링은 다양한 매체의 줄거리를 지닌 스토리를 말과 글뿐만 아니라 다양한 매체에 의하여 표현되는 것으로 보는 것이 적절하다(김광욱, 2008, 261-262). 현대 사회의 발전과정에서 매체와의 관련성에 집중하는 스토리텔링은 하나의 이야기를 다양한 매체로 생산하는 문화산업을 중심으로 발전하고 있고 이제는 일상적인 용어가 되었다. 이러한 과정은 학문적으로 논의하는 내러티브 담론의 역사와는 일부 차이가 있으며, 특히 인간의 사고나 인식의 과정, 존재론적 논의의 중심에 위치한 현재의 내러티브 담론과는 다른 차원에서 활용되는 경우가 많다.

한편, 서사학에서 연구한 바처럼 내러티브를 이야기나 담론 수준으로 인지하는 것은 인간의 인식 과정과 존재론적 의미를 무시한 것이라고 보는 견해가 있다. Bruner(1986)가 주목한 두 가지 사고 양식에 대한 구분과 특징이 이를 뒷받침한다. 브루너의 내러티브 사고 양식은 내러티브 자체와 다소 다르다. 브루너는 '이야기' 혹은 '이야기를 만드는 것'을 내러티브로 보는 반면, 내러티브 사고는 마음을 만들어 내는 인지적 작용이라고 말한다. 그러면서도 이 두 가지가 상호 형식을 주고받기 때문에 서로 확연하게 구분될 수 없음을 지적한다. 즉 내러티브가 내러티브 사고와 유사함을 강조하면서도, 내러티브 사고는 사건이나 행위, 현상에 대한 상황

사회과 수업과 내러티브

맥락적 사고임을 중시하고, 이것이 상황의 의미나 요구를 반영해야 하는 세계에 대한 이해를 추구하며 인간의 내면화 과정을 강조할 수 있다고 본다. 인간이 내러티브 사고를 한다는 것은 과학적 사고방식의 허점을 제시함과 동시에, 그동안 교육학 발전에 많은 기여해 온 인지심리학 체계를 반박하는 것이다.

최근의 일부 내러티브 연구에서는 이 부분을 지적하고, 내러티브가 인간의 사고나 지식 그리고 정체성을 구성하는 주요 수단이자 그 자체가 곧 사고라는 점을 강조하였다. Coles(1989)는 우리가 각양각색의 이야기를 통하여 서로 다른 사람들이 처해 있는 상황, 문화, 생각뿐만 아니라 좋은 행위와 그렇지 못한 행위 등을 배운다고 언급하며 내러티브가 인간의 경험을 조직하고 이해하며 지식을 구성하는 사고양식이라는 점을 강조하였다. 그에게 내러티브는 곧 내러티브 사고인 것이다. 한편 Rankin(2002)은 내러티브의 의미에 특히 주목하고 내러티브를 세 가지로 구분하였는바, 첫째는 이야기 즉 결과물로서의 내러티브, 두 번째는 의식의 양상으로서의 내러티브, 세 번째는 의사소통으로서의 내러티브이다. 그는 내러티브를 이야기와 사고양식, 그리고 소통의 의미를 지닌 총체적 산물로 보았다.

이상에서 우리는 내러티브적 사고양식 혹은 내러티브로 형성된 것이 곧 이야기이며, 그 이야기를 담론화하는 것이 또한 내러티브임을 알게 된다. 결국 내러티브는 이야기, 즉 말이나 글 등으로 표현하고자 하는 기본적인 내용과 그것을 화자의 감정이나 느낌을 담아 이끌어가는 담론화 형식, 즉 이야기의 결과물이기도 하다.[10] 동시에 내러티브는 이야기하고자 하는 현상이나 사선에 대한 화사와 청자의 의미화 과정, 즉 사고 양식이며, 화자와 청자기 이야기를 매개로 소통하는 과정 모두를 의미한다.

다. 자기 형성 과정으로서의 내러티브

한편 Ricoeur(1984)는 인간 존재를 해명하는 과정에서 이야기에 대한 관심을 피력한 바 있다. 이야기를 해석하는 것은 결국 자신을 이해하는 것과 같으며, 이야기에 담긴 무한한 상상은 의사소통에 필요한 수단이나 활동의 결과물로서의 이야기와는 다른 중요한 기능을 갖는다는 것이다. 이야기의 의의는 자아가 이야기를 해석하는 행위를 통하여 삶의 의미를 찾는 것에 있는데, 이때 이야기는 삶의 형식을 규정하는 의식과 연결된다. 이를테면, 리쾨르의 미메시스론은 인간이 내러티브 존재임을 보여주는 중요한 사례이다. 미메시스론은 인간 존재와 이해의 문제를 시간과 이야기를 공유하는 이해의 '경험적 차원'에 주목한 것이다.

여기서 이야기 부분은 첫째, 이야기가 시간과 어떤 관련을 갖는지, 둘째, 어떤 이야기가 자아의 형성에 기여할 수 있는지, 셋째, 자아형성 과정에서 자기이해는 어떻게 이루어지는지의 세 가지로 설명된다. 모든 인간의 행위는 시간의 성격을 띠고 있으며, 그것이 진정한 인간의 시간이 된다는 것은 인간의 행위가 이야기되고 서술된다는 것을 말한다(이재호, 2010, 63). 인간의 삶은 곧 경험이고, 그 경험은 곧 시간 경험과 다를 바 없다. 시간에 대한 경험은 이야기로 표현될 때 비로소 시간적인 것으로 인식 가능하며, 따라서 인간은 언어의 도움으로 시간 체험을 이야기하는 특별한 활동을 할 수 있는 존재, 즉 서사 행위를 하는 존재이다.

인간의 서사적 행위는 자기 형성을 위한 불가결한 요소이다. 이야기는 본래 처음과 중간 그리고 끝이 있는 완결되고 전체적인 이야기를 의미하며, 따라서 이야기는 일관성이 있고 이질적인 행동과 사건들을 종합하는 역할을 한다. 인간의 창조를 통하여 이야기는 질서가 잡히고 줄거리가 형성되며 행위를 정리한다. 인간은 자신이 체험한 시간을 이야기로 구성하여 이야기함으로써 비로소 자신의 삶을 살린다.

리쾨르는 미메시스를 세계와 인간을 이야기의 형태로 만들어가는 구체적인 행위로 표현하고, 이때의 이야기는 인간의 상상력과 표상의 방식을 요구한다고 보았다. 허구적인 이야기는 상상을 발휘하게 하고 의미를 창출한다. 어떠한 개념도 살아있는 은유를 능가하지 못한다는 그의 언급은 상상으로서의 이야기가 인간의 삶을 대변할 수 있음을 말한다. 허구적 이야기에 담긴 상징과 기호, 개념을 삶의 세계와 관련지어 이해하고 해석하는 과정이 무엇보다 중요하며, 이것이 가능한 이유는 텍스트가 그러한 성격을 이미 가지고 있기 때문이라는 것이다. 이야기에 대한 이해는 표면적인 의미와 더불어 이면의 의미를 알고자 노력할 때 더욱 온전한 자기 이해의 가능성을 갖는다. 이야기는 상상과 의미의 재이해를 통하여 온전한 자기 형성으로 발현된다.

리쾨르의 미메시스론은 이야기 구성 자체가 현상 이면의 세계를 인식하게 함으로써 텍스트 앞에서의 자기 이해를 경험하고 결과적으로 자신의 삶을 진정한 삶으로 만들어 준다는 것을 강조한다. 이야기를 듣고 이야기를 구성하고 이야기화하는 것은 단순히 이야기의 표면적 의미를 확인하는 차원과 다르다. 내러티브는 일상의 경험이 의미하는 바를 찾고 그 이면의 인간 삶의 세계와 방식을 이해함으로써 자기 삶의 방향과 지혜를 찾아 경험을 재기 지시화하는 삶으로서의 의미를 갖게 한다.

리쾨르는 허구적 이야기와 역사적 이야기가 현세의 시간과 공간을 딛피힌 혹은 상황과 맥락을 벗어난 이야기일 수는 있지만, 인간의 상상과 의미를 불러일으키는 텍스트로서 기능할 수 있으며, 이것이 자신의 정체성을 형성하는 불가결한 조건을 제공한다고 보았다. 이야기는 의사소통과 사실에 대한 정보 이상의 가치, 즉 실존적 물음을 가능하게 한다. 그의 주장은 허구와 역사를 동일시하는 오류를 범하는데, 이것은 증거에 입각한 역사적 타당성을 강조하는 역사학계에 논란을 일으킬 수 있다. 그러나 과거의 사건을 시간순으로 배열하고 해석하는 것만이 역사가 아니라, 과거의 이야기를 통하여 사건을 형상화하고 이해할 수 있을 때 비로소 역사는 이해된다고 보는 이러한 관점은 분명 의미 있는 접근이다. 역사를 이해하는 능력이 이야기를 이해하는 능력과 통한다는 접근은 상상의 역사, 추체험으로서의 역사가 지닌 교육적 가치와 가능성을 말해준다. 이야기는 현실의 의미를 해석함과 동시에 이야기의 목적과 기능을 무한히 발휘하는 원천을 제공하는 셈이다.

이야기에 대한 이해는 인간의 인식 과정과 다르지 않다. 그것은 어떤 상황에서의 자신의 판단과 행위를 작동시키는 일이다. 즉 이야기의 과정은 자기 이해의 과정이며, 이야기에서 찾은 의미는 자기 이해의 의미화 과정이다. 이야기에 대한 이해를 통하여 인간은 세계를 만나고 세계 내 존재로 서게 된다(이재호, 2010, 88-98). 리쾨르의 서사론은 내러티브의 의미를 인식론에서 존재론으로 위치시킨다. 인간은 자신의 존재를 알리고 인정받기 위하여 이야기하며, 그와 동시에 이야기를 이야기함으로써 자기를 스스로 형성해 간다.

3. 사회과교육에서의 내러티브 의미

세계 내 존재로서의 인간에게 내러티브는 어떤 의미를 갖는가? 사회발전과 더불어 인간은 수많은 정보를 획득하고 분류·분석하는 과정을 거쳐 자신의 이야기로 세계를 인식한다. 인간이 이해하는 세계는 다양한 내러티브가 존재하는 세계이다.

가. 사회 현상에 대한 인식의 과정

인간과 사회 간의 소통과 관계에 주목해 온 사회과교육은 오랫동안 내러티브를 통하여 실천되어 왔음이 분명하다. 과학적 증거와 아이디어로 자연의 지배원리와 법칙을 탐구하는 자연과학과 달리, 사회과교육은 인간이 살아가고 만들어가는 사회 현상을 중심에 위치시키기 때문이다. 그러나 사회과교육의 현실은 사회 현상에 대한 과학적 지식을 목표로 하고 사회과학을 교육의 핵심 내용으로 위치시키고 있다. 사회과학으로서의 사회과교육을 사회과의 실체로 담보하는 현실은 교육과정과 교과서에서 더욱 뚜렷하다. 문제는 사회 현상이라는 것이 반드시 과학적으로 입증되고 추론된 개념이나 이론을 통해서만 인식될 수 있는 것인가에 있다. 사회과교육의 연구 대상인 사회 현상은 항상 가변성을 내포하기 때문에 그것에 대한 인식틀은 당연히 고정된 사회과학 개념만으로는 불가능하다.

오늘날 사회과 수업에서 교사들이 도전받는 현실적 문제는 개념을 설명하는 일의 어려움보다는, 사실이나 개념의 변질로부터 어떻게 지금의 사회 현상을 인식시켜야 하는가에 있다. 사회과교육은 빠르게 변하가는 사회 현상을 기존의 이론과 일반과 지시으로는 가르치기 어렵다는 문제에 시면해 있다. 내러티브는 이러한 문제에 해답을 제시한다. 사회 현상을 이해하도록 유도하는 사회과교육은 이미 내러티브를 활용하여 수업을 해 왔고 현실적 문제 또한 내러티브로 이해 가능한 것이다.

> 패러다임적 사고의 적용은 훌륭한 이론, 예리한 분석, 논리적 증명, 실험으로 인한 발견 등 합리적인 가설에 의하여 유도된다. 그러나 내러티브적 사고의 적용은 좋은 이야기, 재미있는 드라마, 신뢰가 가는 역사적 추론을 이끌어 낸다(Bruner, 1986, 13).

내러티브 사고에 대한 브루너의 언급은 세계를 인식하는 다른 방식의 존재를 말해 준다. 같은 이야기를 듣고 다른 생각을 하거나 느끼는 인간은 인과적 사고만으로 가설을 증명하기 어렵다. 자신의 경험을 스스로 조직하여 이야기하는 내러티브는 사회 현상을 이해하고 해석하는 행위자 자신의 사고를 존중하는 것이다. 우리는 주변 세계의 사회 현상을 이해하기 위하여 지난 경험과 지식을 조직하여 구성한 내러티브를 자연스럽게 문제 해결에 활용하고 있다. 이해를 위하여 생성된 이야기는 교사와 학생에 의하여 또 다른 이야기를 만들어 낸다. 이야기를 듣거나 이야기를 만들어가며 현상을 터득한 학생은 이야기를 통하여 자신의 방식으로 사회를 알아간다. 그 과정이 곧 학생의 세계 인식 과정이자 자기 세계의 형성인 것이다.

사람들은 사회과교육이 개념과 원리를 적극 이용하여 학생들의 삶과 사회 현상을 이해하도록 실천해 왔다고 오해하고 있다. 교과서에 나타난 사회 현상과 실제 사회 현상은 일치하지 않는다. 개개인의 경험이 축적된 이야기를 매개로 사회 현상에 대한 개념과 원리를 터득했다고 보는 것이 옳을 수도 있다. 인간이 존재하는 곳에 내러티브는 당연히 존재한다. 수많은 사회 현상은 사회과학적 개념과 원리로 설명된다기보다 개념과 원리를 받치고 있는 이야기로 이해된다. 사회 인식은 애초에 상상을 수반하여 예측되며, 예측을 토대로 한 다양한 이야기로 인하여 이해되는 것이다. 개념과 원리는 정보를 수집하고 분석하여 획득된다고 하기보다는 정보 수집을 가능하게 하는 이야기에 기초하고 있다.

사회과교육은 이미 획득한 개념과 원리를 토대로 또 다른 세계를 가설화한다. 사회과교육의 또 다른 목표인 미래 사회에 대한 예측과 대안 제시는 이러한 과정의 순환을 통하여 가능하다. 이재호(2010, 95)는 조난심(1993)의 말을 인용하며 MacIntyre의 이론에 충실한 이야기 범주를 언급한 바 있다. 그는 첫째, 사회적 맥락과 무관하지 않는 이야기, 둘째, 전통적 가치와 현대적 가치가 조화를 이룰 수 있는 이야기, 셋째, 자신의 삶과 분리될 수 없는 이야기를 제시하였는데, 이러한 이야기의 범주는 실제 우리 주변의 사회 현상의 인식을 목표로 하는 사회과교육에 시사하는 바가 크다.

나. 설명의 방식과 합리적 사고의 기저

사회과교육에서의 과학적 사고는 문제, 즉 무엇을 해야 할지 모르는 상태를 위치시키고, 정당한 행위와 옳음에 대한 분석적 사고와 논리적 사고를 강조한다. 옳은 결정을 위하여 그에 합당한 사실과 개념이 필요하며, 이것을 알기 위하여 인간은 자기의 선험적 지식을 벗어난 판단을 요구받기도 한다. 그런데 모든 문제가 공동의 가치를 획득하거나 결정해야만 하는 합리성을 요구하는 것은 아니다. 개개인의 성향과 신념 또한 우리가 결정해야 할 많은 문제를 해결하는 중요한 요인이다. 사회과교육에서 설명의 방식은 객관적인 사태에 주목한 방식을 의미한다. 개인의 결정이나 성향, 혹은 곤혹감을 인정하지 않고 사태에 대한 객관적 판단만을 상요하기도 한다. 사회과교육은 인간과 사회를 둘러싼 다양한 현상을 객관적으로 인식하는 일이 중요하다.

그러나 그 인식의 기저에는 왜 그것이 중요한가에 대한 개개인의 숙고와 동의의 절차가 요구된다. 그러한 과정 속의 개인은 사회와 동떨어진 개인이 아니라, 개인이 존재하고 있는 사회와 문화의 내용을 내포한 개인이다. 개인의 판단과 결정은 주관적으로 구성된 것이라기보다 한 개인을 떠받치는 세계라는 공간과 역사성을 축적한 문화가 내재된 것이며 따라서 타자의 역사 또한 내포된 것이다. 즉 개인의 이야기는 세계 내 이야기의 부분이다. 이로 인해 개인 간의 이야기는 공감과 소통을 가능하게 한다.

최근 사회과교육은 설명의 방식을 지나치게 강조한 경향이 없지 않다. 개인의 이야기가 소멸된 합리적 타자의 이야기를 중시하고, 보이지 않는 맥락보다 보이는 증거만을 다루고자 하였다. 세계 안에서 발생한 문제들은 애초에 개인의 직면한 문제였음에도 불구하고 사회과교육에서의 문제는 대부분 인류가 당면한 거대하고 보편적인 문제에 치중되어 있다. 인간은 거대한 세계에 살아가는 미약한 존재로 투사되고 문제 해결을 위하여 정확한 사실을 확인하고 검증해야 한다. 사회과교육의 내용은 훌륭한 학자가 만든 훌륭한 지식으로만 규정되고, 학습자는 그러한 지식(일종의 개념과 일반화)을 바르게 알고 정확하게 사용해야 하는 입장에 위치한다.

그러나 사회과교육에서 개념이나 일반화의 위치는 반드시 알아야 하는 목표라기보다는 사회 현상을 인식하기 위한 적절한 도구로서 기능하는 것이다. 결국, 개념은 그 자체로 중요하다기보다 그 개념들이 사용되는 맥락과 목적에 의해 가치를 얻게 된다. 개념은 사람들의 이야기 속에서 이해될 때 의미를 찾을 수 있음에도 불구하고, 사회과교육에서의 개념은 본래 그 개념이 창출되었던 곳에 존재했던 상황과 맥락을 버린 채 죽어 있는 사전적 용어로 전락하고 있다. 일례로, 사회과교육에서의 문제해결학습과 탐구학습은 개념 정의와 설명을 중시한 나머지, 왜 그것이 그토록 문제인가에 대한 의도를 놓친다. 두 학습에서 중요한 것은 문제의 맥락을 살피는 일, 그리고 그 문제를 받아들이고 해석하는 인간의 지각에 대한 이해이다. 개념은 사태에 대한 이해를 돕는 언어로 기능할 때 가치가 있다.

설명의 방식과 사고는 논리적이고 분명하며 이성적인 인간을 추구하지만, 동시에 사회과에서 추구하는 바람직한 삶의 의미를 왜곡하기도 한다. 인간은 타자의 시각에 따라 바르고 선한 일만 배우고 행하는 존재가 아니다. 비슷한 목적을 추구하더라도 개인에 따라 삶의 방식은 다양하며, 이것을 존중하고 인정하는 방식 또한 다양하다. 합리적이고 비판적인 사고를 지닌 민주시민이 반드시 인간으로서의 감정과 개인의 성향을 억제하는 인간은 아닌 것이다.

모든 이야기에 중립이 없다. 이야기의 진실성은 그 이야기를 하는 화자의 입장에서 존재하기 때문에 청자의 경우는 그것을 인정하며 들을 뿐 중립적 입장에서 말하거나 들을 수 없는 일이다. 중립적 이야기가 없듯이 중립적 이론 또한 없다. 특히 인간과 관련한 학문이나 현상에 있어서 중립은 개인의 경험으로 비추어 해석되는 상태일 뿐이다. 인간은 자신의 이야기를 통하여 오랜 전통과 사회적 관습을 전수하고 해석해 왔으며, 타자나 사회로부터 인정받음으로써 자신의 행위를 그에 부합하도록 결정하고 옳음과 좋음을 판단해 온 것이다. 사회 현상에 대하여 우리가 싣는는 진실과 이론은 확 닐한 중기기 있어서 형성된다기보다 그 지식을 떠안은 맥락적 이야기와 그것에 공감하는 인간에 의하여 존재 가능함을 인정할 필요가 있다.

우연한 사건과 이야기에 존재하는 세계에 대하여 인간은 자신만의 직관과 확신을 전제로 설명의 방식과 합리적 사고를 유지시켜 왔다. 개념과 원리를 설명하는 합리적 방식은 인간 행위에 대한 설득력 있는 이야기를 통하여 가능한 것이며, 이것이 개인과 사회의 관계와 발전을 가능하게 한 것이다. 지식의 기저에 개인과 사회의 보편적 이야기가 있음을 인정하지 않는다면, 교육의 내용과 방법을 설정함에 있어 또 다른 문제를 촉발할 수 있다. 이것은 초등 사회과교육에서 어린이의 삶의 세계를 전제하지 않은 설명, 그 설명을 반드시 알아야 할 이론과 개념으로 포장하는 일, 그 이론을 명료하게 인식하는 것이 곧 사회과교육이 요구하는 합리적 사고라고 보는 경우와 흡사하다. 세계에 대한 이해는 사회과학에 대한 확신과 다르다.

4. 사회과교육에서의 내러티브 가치

인간은 세계에 대한 이야기와 그 이야기에 관한 담론, 그리고 담론을 풀어가는 일련의 구조로서의 내러티브를 만들고 활용하고 유지한다. 내러티브는 인간이 만들어가는 삶의 형식이자 내용이며 구조인 것이다. 사회과교육에서의 내러티브는 사회 현상을 담고 있는 내용이자 그 현상을 이해하고 소통시키는 방법이며, 근본적으로는 민주시민을 지향하는 수업 구조로서의 가치가 있다. 이에 대하여 구체적으로 살펴보기로 한다.

가. 사회 현상과 내러티브: 사회과교육의 내용과 방법, 그리고 구조

어린이는 내러티브의 가치를 가장 잘 대변하는 교육 주체이다. 이야기를 통한 배움은 사회를 구성하는 다양한 관습과 현상, 그리고 교훈을 넘어서서 인간으로서의 능동적인 행위와 사고방식을 가능하게 한다. Nussbaum(1990, 44)은 이야기가 차지하는 중요성을 다음과 같이 말한다.

> 대부분의 배움은 구체적인 것의 경험으로 이루어진다. 경험에 바탕을 둔 이러한 배움은 다시 지각과 반응성의 계발을 요구한다. 생각과 행위의 적합한 것을 가려내는 상황 독해 능력의 계발...(중략)... 우리는 그것을 공식에 의하여 배우기보다는 안내받음으로써 터득한다.

상황을 읽는 능력을 습득할 수 있는 핵심적인 역할을 하는 것이 곧 이야기[11]이다. 너스바움의 말은 특히 초등교육에 있어서 내러티브의 중요성을 암시한다. 사회과교육에서 제시하는 명료한 정보와 개념들이 어린이의 입장에서 구체적 상황으로 전환되지 못하고 주입된다면, 어린이들은 자신이 살고 있고 인식해야 할 사회 현상을 정직하게 이해할 수 없을 것이다. 사회과 수업에서 어린이의 입장을 고려한 이야기 방식으로서의 내러티브는 사회과교육의 방법으로 기능한다. 사회과 수업에서의 이야기는 인간의 삶과 사회 현상을 동시에 담고 있는 텍스트로 기능하기에, 교사는 이야기 속에 묻혀 있는 개념과 일반화를 토대로 사회 현상을 이해할 수 있도록 수업을 이끌어간다. 내러티브는 사회과 수업을 이끌어가는 자연스러운 방식인 것이다.

그런데 이야기 가운데에는 실제 수업의 목적이나 목표와 별개인 채로 단순히 흥미만을 부여하는 경우도 많다. 이때의 이야기는 흥미를 유도하는 수업 기법에 불과하여 진정한 내러티브의 속성을 지녔다고 하기 어렵다. 어린이들은 실제 사회의 구체적 상황으로 사회 현상을 이해한다. 따라서 흥미로운 이야기가 호기심을 가져올 수는 있지만, 호기심이 곧 사회 현상과 연결되는 것은 아니다.

이야기와 그 이야기에 대한 교사와 학생의 담론이 개인과 사회의 보편적 현상을 대변하고 있다면 그것은 사회과교육의 내용이라 해도 무방하다. 사회과교육의 내용으로서의 내러티브는 다양한 사회 현상을 담고 있는 이야기와 그 이야기를 통하여 다양한 담론을 형성하는 것 자체와 다르지 않다. 전해 내려오는 우리 고장 이야기, 70년대를 겪어 온 부모님의 당시 편지 등 그 시대를 담고 있는 다양한 사례나 이야기들은 고장의 정체성과 한국 경제의 성장을 이해하는 좋은 자료임과 동시에 그 자체가 곧 사회과교육의 내용이다. 이 이야기를 수업에서 함께 이야기하는 일(즉 담론) 또한 학생들이 사회 현상을 창의적이고 비판적으로 사고하는 과정에 해당하므로 사회과교육의 내용이 된다. 사회 현상을 담은 이야기를 담론으로 이끌어가는 일은 사회과교육의 내용이자 방법으로서의 내러티브라고 할 수 있다.

한편 사회과교육에서의 내러티브는 학습의 주제를 일련의 시간적 흐름에 따라 풀어가는 수업의 구조로서 기능한다.[12] 사회과 수업의 구조로서의 내러티브는 수업을 구성하는 내용과 방법의 시간적 흐름과 서사를 의미한다. 사회과의 내용과 방법을 어떤 순서에 의하여 어떻게 수업으로 구성하여야 학생들의 이해를 도울 수 있는가? 이것은 수업의 맥락성과 총체성을 중시하는 수업의 내러티브 구조를 암시한다. 수업의 목표를 위하여 교사의 자료와 이를 활용한 학생의 활동을 일련의 흐름으로 구성하는 일, 이야기와 경험을 의미 있는 내용으로 조직하여 수업 목적에 부합하도록 유도하는 일 등이 이에 해당한다. 수업모형에 철저한 수업 혹은 교사 중심의 설명식 수업, 그 어떤 것에 관계없이 교사의 수업은 '학생들에게 사회 현상을 어떻게 이해시킬 것인가'라는 고민을 담고 출발한다. 그러한 고민에 대한 분명한 답은 없지만, 교사는 자신만의 수업 레파토리를 창출하고 활용한다. 사회과 수업의 구조로서의 내러티브란 수업 전개 과정과 관련된다.

사회과교육에서의 내러티브는 능동적으로 소통하는 인간, 삶을 살아가는 다양한 방식을 이해하는 인간, 사회 현상을 비판적으로 사고하는 인간을 기를 수 있도록 돕는다. 이야기를 통하여 혹은 이야기함으로써 사실과 개념들이 실제 사회에서 어떻게 관계 맺고 생성되는지 이해하고, 학생 각자가 자신의 삶을 살고 이야기를 만들며 사회의 능동적 참여자가 되어간다. 내러티브는 전통적이고 권위주의적인 교육방법의 한계를 극복하는 대안적 방법이 될 수 있다.

나. 사회적 소통과 내러티브: 사회 인식과 자기 형성의 과정

사회과교육은 다원주의적 시대, 다양한 사람들의 지식을 존중하며 인정한다. 그렇다면 사회과교육은 사회과학의 지식을 어떠한 형식으로 담아내야 하는지 고민할 필요가 있다. '사회과교육에서 배워야 하는 것이 과연 정보인가'에 대하여 바심을 표현하는 교육자는 많으면서도, 실제 사회과 교육과정 편제나 교과서 편찬에서는 이를 심각하게 고려하지 않고 있다. 사회과교육은 신제 사태에서도 이러한 지식에 대한 관점을 수용할 필요가 있다. 다양한 관점의 지식을 허용하는 시대에서 왜 사회과교육의 지식과 지식교육은 사회 현상을 제대로 설명할 수 없는 지식의 파편으로 채워지고 있는지 주목해야 한다. 정답을 지향하는 사회과교육은 강제된 이야기에 의지하고, 그 이야기를 통하여 주어진 지식과 신념을 강화한다. 문제에 대한 고정된 정답을 찾기 위해 마련된 이야기는 사회 인식의 맥락을 포기한다. 하나의 관점으로 이야기를 분석하고 이용할 뿐이다.

다원주의 시대에서 다양한 삶의 관점을 인정할 경우 이야기는 서로 다른 담론을 마주하게 된다. 하나의 이야기라 할지라도 화자와 청자에 따라 여러 담론이 가능한 것이 내러티브인 것이다. 이론을 뒷받침하는 단순한 이야기는 우리의 다원적 삶을 공감할 수 없게 만드는 조각에 불과하다. 메킨타이어(1997, 19)는 과학자들이 가지고 있는 것은 단지 단편일 뿐이며, 실험에 의미를 부여하는 이론적 컨텍스트에 대한 지식과는 유리된 몇몇 실험에 대한 지식, 그들의 다른 이론이나 실험과 전혀 관계 지을 수 없는 이론의 조각 등은 진정한 의미에서의 과학이 아니라고 언급한 바 있다. 이것은 컨텍스트의 결여 문제, 내러티브의 중요성을 의미한다. 사람들은 계속해서 많은 핵심적인 표현들을 대화에 사용하지만 사실 그에 대한 환영(simulacra), 즉 과학에 대한 환영을 가지고 있다는 것이다.

맥킨타이어의 지적과 유사하게도 사회과교육에서의 사회과학적 지식의 위치 또한 사회 현실과 무관한 언어로 되어 있다. 사회과교육의 현실은 정보와 개념의 나열, 그리고 이를 설명하는 무리한 방식이 산재하다. 구체적 사실 속에는 학생들의 경험이나 이야기가 담겨 있지 않고, 거대한 개념은 이론적 의미만을 강조한다. 사회과 수업은 컨텍스트가 결여된 많은 지식들로 인해 학생들을 무기력하게 만들고 있다. 다양한 사회 현상을 보여주지 못하는 사회과 수업, 현상을 제대로 인식하기 어려운 사회과 수업, 이론과 실천의 세계를 통합적으로 보여주지 못하는 사회과 수업이 있을 뿐이다.

사회과교육에서의 내러티브는 지식을 인식하는 과정, 즉 사회 인식의 과정과 자신의 존재감, 그리고 타자의 다양성을 체득하도록 돕는다. 사회를 인식하는 과정이 세계 내 존재로서의 자신을 형성하는 과정과 별개가 아님을 사회과교육을 통하여 이해시킬 수 있다. 사회를 인식하는 과정에서 내러티브는 개인과 개인, 혹은 개인과 사회의 소통 형식으로 작동함과 동시에 공감과 이해의 기반을 제공한다. 그것은 우리가 어떤 존재이며, 우리의 현재가 어떠한지, 왜 그렇게 되었는지에 대한 자기 이해를 동반하는 일이며, 타자와 새로운 세계에 대한 이해를 확장하는 일이다. 사회과교육에서 내러티브는 자신의 존재를 표현함과 더불어 그것을 통하여 자신을 둘러싼 사회와의 소통을 행할 수 있는 중요한 능력으로 작동한다.

다. 민주시민과 내러티브: 사회과교육을 받은 사람

사회과교육이 오랫동안 훌륭한 시민의 양성을 강조하면서도, 훌륭한 시민에 대한 개인적 판단을 회피해 왔던 이유에는 정직, 성실, 배려와 같은 덕목 중심 교육과 국가와 사회라는 공공의 시민성을 강조했던 시민성 전달로서의 사회과교육이 위치한다. 개인의 삶이나 경험과 관련된 보다 구체적인 민주주의의 가치를 이야기하거나 소통하지 못한 채 '민주시민', '민주시민 교육'이 강요된 것이다. 또한, 사회과학으로서의 사회과교육은 인간의 이성적 판단과 합리적 사고의 중요성을 강조한 나머지, 개인의 주관적이고 우연적인 요소를 학습에서 배제시켰다. 사회과교육의 목적으로서의 민주시민은 개인보다는 공공을, 우연보다는 필연을, 공감보다는 검증을 중시하는 인간을 합리적 인간으로 상징한 것이다. 사회과교육은 이러한 관점에서 자유로울 수 없었으며, 인간을 이해하는 혹은 인간과 여타 사회의 관계를 이해하고 다양한 삶을 영위하도록 학생들을 자극하지 못하였다.

그러나 사회과교육의 목적은 바람직한 민주시민으로서의 삶이며, 그 삶의 주체는 학생 자신이다. 사회과교육은 사회 현상을 비판적으로 사고하는 인간, 타자에 대한 공감과 배려를 갖춘 인간, 자신의 생각을 성찰하고 사회를 개선하는 인간의 형성을 목적으로 한다. 이러한 인간의 형성은 애초부터 학생 개개인의 이야기를 전제로 출발해야 가능하다. 개인의 이야기가 배제된 학생의 삶은 본래 존재하지 않기 때문이다. 강제적이고 탈 맥락적인 원리와 이론을 배우고 익히는 사회과교육은 인간의 바람직한 삶을 희망할 수 없다. 개인의 경험과 가치를 상호 인정하며 그로부터 공감하는 삶을 중시하는 내러티브와 내러티브 사고 양식은 인간의 소통과 대화를 전제한다.

삶은 일상이고, 일상은 소소하다. 소소한 일상의 사건이 이야기가 될 때 인간 존재와 보편적 사회 현상을 이해하는 것이 보다 수월하다. 일상의 경험과 보편적인 사회 현상을 통하여 타자의 생각과 삶의 방식을 이해하고, 그로부터 자신의 삶을 찾아가는 과정이 곧 사회과교육에서의 내러티브이다. 사회과교육의 목적은 민주시민의 양성에 있고, 민주시민은 인간의 본래 특성인 내러티브적 존재를 부정하고 형성될 수 없다. 민주시민교육은 인간이 내러티브적 존재임을 인정하는 것에서 출발 가능하다. 학생과 교사는 구체적인 사례와 이야기로부터 사회 현상과 문제를 인식할 수 있고, 다양한 담론과 사고 과정을 거쳐 이를 이해하고 해결하고자 하며, 그것을 통하여 자기 지식을 만들어가는 내러티브적 인간으로 성장한다. 구체적 상황 속에 위치한 개인의 이야기를 듣고 그것을 함께 이야기하며, 그 사람의 삶을 이해하고 문제를 공감하며 문제를 해결하고자 하는 사람은 사회과교육을 통하여 길러야 할 시민의 한 유형이다. 사회과교육을 받은 사람은 내러티브적 존재인 것이다.

에필로그

인간의 내러티브적 속성은 현대 사회에서도 끊임없이 인정받고 있다. 현대의 인간은 매체를 통하여 알게 된 정보들을 해석하고 비판하며 이야기를 재창조한다. 자기 이해의 과정을 거친 이야기는 또 다른 이야기로 자신을 대변한다. 면대면 접촉이 생략되어가는 현대 사회에서는 말이나 글을 대신하여 아이콘과 이미지 영상, 시각자료까지 이야기의 수단으로 대체되고 있다. 이러한 인간 본연의 내러티브적 속성을 깨닫는 순간, 사이버 공간에서 이야기를 즐기는 사람들의 모습과 현대 사회의 다양한 현상을 이해할 수 있다. 나아가 개인의 이야기들이 시간과 공간을 초월하여 소통되는 근거도 짐작할 수 있다. 정보통신기술의 발달은 인간의 이야기 공간을 변화시켜 왔고, 인간은 이제 시간의 구속을 받지 않는 사이버공간에서도 소통과 담론을 즐길 수 있게 되었다.

사회과교육에서의 내러티브는 인간과 사회 현상을 이해하는 형식이자 내용으로서, 개인의 자기 형성 과정과 사회 인식 과정에 대한 추론을 가능하게 한다. 또한, 사회과교육에서의 내러티브는 인간과 사회에 대한 구체적 이야기, 그 이야기의 소통과 담론 과정, 그리고 이 모든 것을 일련의 흐름으로 만들어가는 수업의 구조, 모두를 의미한다. 내러티브를 통하여 인간은 간 주관

적 지식과 보편타당한 공적 지식을 구성할 수 있다. 현대 사회와 인간의 행위
는 사회과교육을 통하여 이해되어야 하는 대상으로, 이 대상에 대한 이해는
곧 인간의 이야기를 통하여 이해될 수 있다. 따라서 이야기에 대한 관심과 새
로운 담론의 형성은 현상을 비판적으로 사고하는 인간, 타자에 대한 공감과
배려를 갖춘 인간, 자신의 사고를 성찰하고 사회를 개선하고자 하는 인간 형
성에 도움을 준다.

　인간 존재에 대한 이해와 인간과 사회의 관계에 주목하는 내러티브의 가
치를 인정하고 이를 사회과교육의 본질과 접목한다면 인간이 만들어가는 사
회 현상에 대한 보다 다양하고 풍부한 관점을 인식할 수 있을 것이다. 이제
사회과교육은 변화하는 사회 현상을 맥락적으로 이해하고 학습 주체 스스
로 새로운 지식을 생성하는 존재임을 인정하는 내러티브의 가치를 인정함과
동시에 수업에서 내러티브가 어떻게 활용되고 구조화되는지를 이해할 필요
가 있다.

3장.
사회과 수업지도안에서의
내러티브

수업을 잘 담아내는 일은 교사와 학생의 삶과 교과의 내용을 자연스럽게 연계하는 충분한 교육적 대화를 전제한다. 그것은 교사의 질문이 학생의 의문을 자극하고 그로부터 문제를 제기하고 대안을 찾아가는 특별한 이야기, 전 과정을 자연스럽게 담아내는 유연한 틀을 요구한다. 좋은 수업지도안이란 누군가의 특별한 수업 텍스트임과 동시에 수업의 자연스러운 흐름을 표현해 내는 일종의 내러티브인 것이다.

> 사회과 수업, 수업지도안, 내러티브 속성, 텍스트 속성, 소통 도구, 유연한 틀

1. 사회과 수업지도안 연구 담론

사회과 수업은 교사 자신의 사회적 사실과 현상에 대한 이해와 학생의 입장을 고려한 교사의 판단과 행위로 구성된다. 수업지도안은 이러한 수업 구성의 과정 및 결과를 예측하여 활자로 구현한 것이다. 사회과 수업지도안에는 사회과 수업에 대한 교사의 의도와 이해, 판단과 결정이 응집되어 있다. 따라서 사회과 수업지도안을 작성하는 일은 수업을 설계해가는 과정을 확인하고 기록함으로써 자신의 사회과 수업 역량을 확장해 가는 전문적 행위라고 할 수 있다.

그런데 사실 교사들은 수업지도안을 작성하는 일에 대해 큰 의미를 두지 않고 있다. 학교 교육에서 가장 중요한 것이 수업이고 교사의 수업 연구를 아낌없이 지원해 왔던 과거와 달리 최근의 학교 환경은 급격하게 변하였다. 수업이 중요하다는 관점은 여전하지만, 교사들은 수업 이외의 급증한 업무를 수시로 수행하고 있다. 수업을 대하는 태도는 학교 현장에서 수업지도안을 대하는 방식에서도 알 수 있다. 최근까지도 학교에서는 매년 수업 장학을 표방한 공개수업을 실행하고 있다. 공개수업 전 학교에서는 표준화된 형식의 수업지도안을 교사에게 제공하고, 교사는 그 형식이 요구하는 수준에서 수업지도안을 작성하여 제출한다. 이 과정에서 수업지도안에 대한 논의나 대화는 거의 부재하다. 교사가 어떠한 수업을 왜 만들고자 하며, 그 과정에서 무엇을 고민하는지 등 수업지도안을 작성할 때 거치는 노력은 주목받지 못한다. 학교에서 요구하는 수업지도안은 수업 실천 자체보다는 수업 공개를 수행하였다는 증빙 문서로서의 기능이 강한 것이다. 이러한 관행이 지속된다면 교사는 더 이상 수업지도안을 통해 자신이 수업을 이해시키거나 기록하지 않을 것이며, 지금까지 교사를 수업전문가로 성장시키는 데 기여한 수업지도안의 가치 또한 퇴색할 것이다. 수업지도안은 수업 계획과 실천에 직접적으로 영향을 미치는 교사의 유일하고도 중요한 공적 교육 기록물임에도 불구하고 말이다.

수업지도안과 관련한 선행연구는 수업지도안의 교육적 의미를 확인하고 강조하는 경향을 주로 보이는데, 이를 수업지도안을 활용하는 관점에 따라 세 가지로 구분하면 다음과 같다. 첫째는 좋은 수업의 모습 또는 좋은 수업지도안의 기준을 상정하고 그에 따라 교사의 수업지도안을 분석한 연구들이다. 이때의 수업지도안은 좋은 수업을 위한 교사의 역량을 확인하고 성장시키는 데 활용된다. 이 연구에는 학생의 수업 참여를 기준으로 수업지도안을 분석하여 학생의 수업 참여를 증진하는 방향으로 수업지도안이 작성되어야 함을 주장한 정한호(2010)의 연구, 교사가 수업지도안 작성에서 고려해야 하는 요소를 파악해 학생 중심 탐구 수업이 실행되지 않는 원인을 탐색한 고창규(2013)의 연구, 예비 초등교사들의 사회과 수업지도안 작성 과정에 나타난 반성 내용을 탐색하고 더 좋은 수업을 위한 제언을 제시한 이수룡(2021)의 연구 등이 있다. 두 번째는 좋은 수업의 다양성을 인정하며, 수업지도안을 통해 교사가 의도한 수업을 파악하고 그 의미를 찾고자 한 연구이다. 이때의 수업지도안은 교사의 수업을 이해하고 탐색하는 자료로 활용된다. 이 연구에는 예비 초등교사의 사회과 수업지도안에 나타난 활동의 유형을 분석하여 그들이 이해하고 있는 활동의 의미를 추적한 홍미화(2013a)의 연구가 해당한다.

마지막 유형은 좋은 수업의 다양성을 인정함과 동시에 수업지도안이 가진 한계를 지적하고 수업지도안에도 다양한 형식이 필요함을 역설한 연구이다. 이 연구에는 교사의 실천적 지식을 드러낼 수 있는 초등사회과 수업지도안의 조건과 사례를 제안한 이동원(2007)의 연구, 교과별 수업지도안의 특성을 파악하고 이러한 특성을 넘어선 새로운 수업지도안 쓰기의 필요성을 제시한 이혁규 외(2012)의 연구가 해당된다.

　이들 선행연구는 수업지도안의 중요성을 역설하고, 수업지도안 쓰기 과정이 교사의 수업 전문성을 성장시키는 데 중요한 역할을 하고 있음을 강조한다. 그러나 수업지도안 본래의 의미와 역할에 비추어 수업지도안이 무엇을 어떻게 담아야 하며, 그 이유는 무엇인지 등을 구체적으로 확인하거나 분석한 연구는 거의 없다. 이 영역은 교사가 수업을 실천하는 과정이나 맥락에서 스스로 터득하고 활용해야 하는 것으로, 그 자체가 특별히 문제가 되거나 연구가 필요하다고 보지 않는 것이다. 그러나 알다시피 수업지도안은 교사의 수업 연구와 항상 함께 논의되었다. 사회과 수업지도안은 사회과 수업에 대한 교사 자신의 특별한 이론을 실천으로 나아가게 하는 중요한 문서로 사회과 수업 이론과 실천의 접점에 위치한다. 그럼에도 불구하고 수업지도안 자체를 수업 소통의 중심에 두고 이루어지는 논의가 부족한 것은 수업지도안을 교육적 텍스트로 인정하는 연구자나 독자가 부재하기 때문이다(곽혜송·홍미화, 2023, 96).

　일반적으로 수업지도안은 교사가 자신의 수업을 계획하고 설계하는 창의적 문서이자, 교사 자신이 의도하는 수업을 공적으로 표현하는 유일한 문서에 해당한다. 나아가 수업지도안은 동료교사의 수업을 이해하도록 도와주는 텍스트로서 기능한다. 수업지도안을 통하여 교사는 수업전문가로서의 능력을 표출하고 인정받을 수 있는 것이다. 수업지도안은 교육적 텍스트이자 소통 도구로서 기능하므로, 실제 교실 수업과 연동되는 유효한 형식을 갖출 때 그 가치는 더욱 높아진다. 여기서는 이러한 수업지도안의 가치와 기능에 주목하고 지금까지의 형식적 지도안에서 벗어나, 사회 현상과 인간의 삶을 관련지어 실천하는 사회과 교실수업의 특성을 적극적으로 표현할 수 있는 지도안 구성에 주목하였다.

이 글은 이러한 의미를 갖춘 유효한 지도안을 내러티브적 사회과 수업지도안으로 보고, 실제 사회과 수업 사례를 통하여 유의미한 내러티브적 수업지도안을 제안하고자 하였다.

2. 사회과 수업지도안의 텍스트성

가. 사회과 수업지도안의 의미와 구성 요소

사회과 수업지도안 쓰기 과정은 사회과 수업의 전문성을 형성하는 중요한 교육 행위로, 교사가 사회과의 무엇을 왜 어떻게 가르쳐야 하는가에 대한 성찰의 결과가 응축되어 있다. 문제는 이러한 의미에도 불구하고 학교 현장의 수업지도안은 천편일률적인 형식과 고착화된 절차를 담아내는 것에 불과하다는 인식이다(정한호, 2010, 262). 이것은 수업지도안 작성을 좋은 수업을 위한 효과적인 장치로 인식하기보다는 수업 실행 전의 부담스러운 절차로 인식함을 말한다(Carr Chellman & Reigeluth, 2002, 23). 또한 일부 교사들은 수업지도안이 수업의 개략적 계획일 뿐, 수업 실행과 불일치한 것은 당연하다는 입장이다. 이는 수업지도안이 수업에서의 학생 반응과 활동을 예측하지 못하고 이에 적절한 대처 또한 불가능하다는 점(Dolye, M., & Holm, D. T., 1998)을 드러낸다.

이러한 지도안 작성은 사회과 수업이 내포한 풍성한 의미를 담기 어렵고 그와 관련한 교사의 고민 또한 공유하기 어렵다. 사회과교육이 강조하는 유연하고 개방적인 교사가 되기 위해서는 자신이 설계한 교수내용과 방법에 대해 독립적이고 반성적으로 성찰하는 능력과 그것은 재현하는 방식으로서의 지도안 작성 능력을 동시에 개발할 필요가 있다(Panasuk, R. M., & Sullivan, M. M., 1998, 331).

　수업지도안은 내용의 두터움과 세밀함에 따라 세안과 약안[13]으로 구분하며, 모두 40분 단위의 본 차시 지도안을 중심으로 작성된다. 본시학습 지도안은 수업대상, 수업일시 및 장소, 수업자 등의 '수업상황정보'와 교과와 단원, 주제와 차시, 교과서 관련 쪽수 등을 안내하는 '수업계열정보', 본시주제, 학습목표와 수업모형, 학습단계, 교수학습과정에 따른 학습 전략과 활동, 시간, 수업자료와 지도상 유의점 등의 '수업과정정보'로 구성된다. 수업지도안의 주요 핵심내용은 주로 '수업과정정보'에 제시되는데, 이 부분은 실제 수업이 진행되면서 수업의 각 단계에 따라 어떠한 내용이 어떠한 방식으로 전개되는지, 그러한 내용과 방식이 교사가 의도하는 수업 방향과 일관성을 유지하는지 등을 구체적으로 표현한다. 사회과 수업지도안의 경우, 학습 단계에 따라 주로 아래와 같은 내용으로 구성되며, 특히 전개 단계는 수업 목표를 위한 중심 활동이 이루어지는 부분이다.

〈표 1-3-1〉 사회과 수업지도안의 기본 단계에 따른 관련 요소

단계	도입	전개	정리
관련 내용	-전시학습상기 및확인 -문제 상황(사태) 인식 -학습문제 도출 -주요활동 확인 -학습 내용과 방법 예상	-문제와 관련한 활동인지 -활동에 따른 정보 수집 -주요 정보 분석 및 해석 -주요 학습 내용 파악 -문제해결을 위한 교사와 　학생의 상호작용 -문제에 대한 해결방안 제시 -해결방안에 대한 종합의견	-수업활동 정리 -학습과정에 대한 반성 -학습내용에 대한 평가 -새로운 학습을 위한 　적용 및 발전 과제 -차시예고

　다수의 교사들은 자신의 수업 의도를 분명히 나타내기보다는 교과서에 제시된 내용을 정리, 생략, 추가하는 수준에서 지도안을 작성한다. 〈표 1-3-1〉의 사회과 수업지도안의 단계별 요소는 사회과 수업의 일반적인 내용으로, 교사는 학습자

의 수준이나 사회적 환경, 교실 상황적 맥락에 따라 수업을 재조직하는 교육적 판단이 필요하다. 교사는 사회과 수업지도안을 작성할 때, 첫째, 교육과정과 교과서에 대한 재해석, 둘째, 수업내용의 선정과 조직에 대한 재구성, 셋째, 학습자와 사회적 환경을 고려한 수업내용 구성, 넷째, 이에 적합한 교수법 혹은 관련한 전략과 기법 적용 등을 고려한다. 따라서 수업지도안의 기본 단계와 형식이 제공된다고 할지라도, 관련 내용을 선정하고 지도안으로 구성하는 일은 교사의 창의적인 능력 없이 불가능하다. 수업지도안은 수업의 절차와 내용을 시간에 따라 나열하는 것이 아니라, 교사의 수업 의도를 중심으로 그에 적합한 내용과 방법을 선택하고 구성하여 교육적 텍스트로 기능하도록 작성되는 것이다.

나. 텍스트로서의 사회과 수업지도안

텍스트(text)는 '엮는다'라는 의미의 라틴어 'textum'에서 유래된 것으로, 글자가 엮인 글, 본문, 문서 등 주로 문자로 표상된 것을 가리킨다. 텍스트 언어학에서는 de Beaugrande와 Dressler가 제안한 텍스트의 속성을 중심으로 텍스트의 개념을 정의하기도 하는데, 그들은 텍스트의 속성 또는 텍스트가 갖추어야 할 조건을 7가지로 제시한 바 있다. 그것이 응결성(cohesion), 응집성(coherence), 의도성(intentionality), 용인성(acceptability), 정보성(informativity), 상황성(situationality), 상호텍스트성(intertextuality)이다(김진수, 1998, 124-125).[14] 이들의 견해에 따르면 이 조건을 모두 갖추었을 때 텍스트로 인정될 수 있다. 그러나 이러한 엄격한 의미에서 텍스트를 보는 것과 달리, 텍스트는 그 자체 내에 완결성 또는 일관성을 가지며 전체로서 인지 가능한 통보 기능을 가진 것(김진수, 1998, 125)으로 보는 견해도 있다. 이때의 텍스트의 범위는 문자로 쓰인 활자매체에서 영상매체까지 확장되기도 한다(곽혜송·홍미화, 2023, 97).

수업지도안이 수업자의 의도에 따라 작성되고 해석이 가능한 텍스트라는 의미는 수업지도안의 흐름이나 내용을 지도안의 구성 요소 간(부분)의 상호 관계로 이해하고 그것이 일련의 구조를 갖추고 있음을 인정하는 것이다. 즉 좋은 수업지도안은 구성 요소의 여부로 확인하는 것이 아니라, 수업자의 의도와 구성 요소 간의 상호 관계로 이해됨을 말한다. 좋은 수업지도안은 텍스트로서의 구조를 갖추었다고 볼 수 있다.

수업지도안을 텍스트(text)로 본다는 것은 앞서 말한 텍스트의 성질, 즉 응집성(Cohension)과 일관성(Coherence), 의도성(Intentionality)을 지니며, 용인성(Acceptability), 정보성(Informativity), 상황성(Situationality), 그리고 상호텍스트성(Intertextuality)을 지닌다는 의미이다. 즉 텍스트로서의 수업지도안은 지도안에 제시되는 내용 간의 표면적인 연결 관계를 의미하는 응집성뿐만 아니라, 내용 간의 의미 있는 연결 관계, 즉 일관성을 지향하는 것이 매우 중요하다. 응집성이 일종의 외형적 형식의 연결이라면 일관성은 내용적 연결에 주목하는 것으로(구난희, 2017, 73), 이 경우의 수업지도안은 그 수업에 대한 의미를 수업의 내용과 관련하여 일관성 있게 표현하는 것을 말한다.

수업지도안이 전후의 맥락을 고려하여 일관성을 갖추게 되면, 수업 내용 요소 간의 구성이나 배치에 따라 위계성 또한 갖추게 된다. 이것은 내용의 나열이 아니라, 수업의 총체적 의미를 위하여 내용의 가치를 판단하고 그것을 상위와 하위로 배치, 혹은 적절히 통합하는 과정 등을 의미한다. 예를 들어 내용이 일관성을 유지하면서도, 각각의 내용은 수직과 수평, 혹은 대등과 위계 등의 관계로 이루어질 수 있다. 사회과 수업지도안은 사회 현상에 대한 수업자의 이해와 판단을 통한 내용 선정, 그리고 그 내용에 적합한 방식으로 구성하되, 그것이 수업의 목적을 유도하는 데 적합하도록 내용과 방식을 위계화함으로써 구조의 통일성과 일관성을 갖추어 구성할 필요가 있다. 이렇게 구성된 지도안은 수업자와 독자 모두에게 수업 정보와 상황을 제시할 수 있는 가독성 있는 텍스트로 인정받는다. 이렇게 구성된 수업지도안은 수업자(교사)와 독자(동료교사, 관련자) 간의 상호 텍스트로 기능한다. 사회과 수업지도안은 수업자와 독자를 연결하는 텍스트로서의 속성에 유의하여 설계할 필요가 있다.

　한편 교사가 수업지도안에 표현하는 텍스트들, 가령 수업의 목표와 내용, 그리고 방법과 평가 등은 별개의 내용으로 제각각 표현해야 하는 것이 아니라, 각 텍스트 간의 유기적 연관성을 갖추면서 구조화되어 있어야 한다. 이는 사회과 수업지도안에 대한 분석 또한 수업목표에 해당하는 적절한 내용의 여부 판단 수준에서 벗어나, 교사가 의도하는 사회과 수업의 목적성 여부, 그 목적을 위한 내용의 일관성 여부, 텍스트 각 부분 간의 관련성과 위계성 여부, 텍스트에 담긴 정보의 가독성 여부, 교실 상황에 대한 수용 여부 등을 중심으로 확인할 필요가 있다. 수업지도안을 교육적 기능을 담당하는 텍스트로 보는 관점은 일반적인 학교 현장의 절차적 수업지도안 형식과 다를 수 있고, 지도안 분석에서도 교사 개개인이 추구하는 사회과 수업의 특별함이나 다양한 지평을 인정하기 어려울 수 있다. 이것은 지도안이 텍스트를 담아내는 형식임과 달리, 수업은 텍스트로 이루어질 수 없는, 즉 교사와 학생, 두 교육 주체 간의 이야기화 과정이 포함되기 때문이다.

3. 사회과 수업지도안과 내러티브의 관계

가. 내러티브 구성의 의미

내러티브는 인간이 들려주는 이야기와 그 이야기를 만들어가는 담론 과정 모두를 의미한다. 인간이 자신의 경험에 비추어 이야기하는 속성에 주목하는 내러티브는 인간 존재를 이해하는 중요한 방법이자 인간을 둘러싼 사회 현상을 이해하고 의미화 하는 전 과정이다. 내러티브는 단순한 스토리 혹은 텍스트 수준이 아니라, 인간과 세계에 대한 이해의 과정과 그 과정을 거쳐 새롭게 형성되는 자기 인식의 과정인 것이다(홍미화, 2013b, 163-165).

Bruner(1996)는 우리의 경험과 지식이 자연스럽게 조직되는 최초의 방식을 내러티브 형식이라고 보고, 내러티브가 사건의 계열이나 순서와 연관된 개념임을 강조하였다. 그러나 내러티브는 모든 사건에 의미를 부여한다기보다는 정당화되고 보증되는 분명한 이유를 갖추는 경우 이루어지며, 듣는 사람의 의문을 해소하는 방향으로 진행한다고 보았다. 따라서 하나의 스토리에서 이야기되는 사건들은 전체의 스토리로부터 의미를 부여받지만, 전체의 스토리는 부분으로 구분이 가능한 것이다. 스토리를 들은 독자는 다양하게 해석을 하는데, 이것은 특히 자연 세계보다는 인간의 세계를 다루는 스토리에서 더욱 그러하다고 보았다. 인간과 세계에 대한 특수한 사실은 이야기 속에서 부분과 전체로 구조하는데, 이때 최소한의 텍스트에서 최대한의 의미를 도출하는 내러티브서 적용이 교수학습이 중심에 위치해야 함을 강조한 것이다. 좋은 내러티브에 대한 이 원칙은 세계라는 실재(reality)에서의 인간 이야기에 주목하는 사회과 수업에서 적극적으로 활용 가능하다. 브루너는 실재를 내러티브적으로 구성하는 문제에서 중요한 원리를 아래와 같이 언급하였다.

첫째, 내러티브는 일어난 사건에 대해 그것을 보거나 듣는 개개인이 적절하고 중요하다고 보는 사건에 의미를 부여한다. 즉 내러티브에서의 의미가 부여되는 시간은 '인간적으로 적절한 시간'의 구조를 갖는다. 둘째, 내러티브는 특수하고 개별적인 것들을 다룬다. 그러한 이야기들은 낯설기도 하지만 그 사회의 문화적이고 역사적인 환경에 영향을 받은 것으로, 실재를 의미 있게 제시하는 기능을 갖는다. 셋째, 내러티브에 나타난 인간의 행위는 우연이기보다는, 의도적인 상태에 의하여 동기화된 것으로 각각의 이유가 있다. 그러나 그것이 곧 행위의 모든 과정을 결정하지는 않으며, 따라서 강요할 필요는 없는 것이다.

넷째, 내러티브는 단순하고 유일한 해석만을 취하지 않는다. 그것은 텍스트의 전체적 흐름에 비추어 부분적 표현을 정당화하려고 노력하는 해석학적 순환의 구조를 갖는다. 하나의 스토리는 전체적인 스토리의 목적을 위한 부분으로서의 기능을 하며, 저자는 그러한 구조를 펼치는 관점이 있고, 독자는 그에 대한 질문의 권리를 갖게 된다. 다섯째, 내러티브는 말하는 것 자체에 가치를 두기 때문에 규범적인 정전으로부터 벗어난다. 즉 내러티브는 예상과 반대되는 이야기의 전개를 통하여 새로운 문화를 알고자 하는 마음을 갖도록 하고, 일상적인 것들을 낯설게 하여 청중을 이야기 안에 있게 한다. 여섯째, 내러티브는 항상 질문에 개방되어 있으며 단정적으로 표현하거나 사실을 명확하게 제시하려고 하지 않는다. 즉 지시한 대상의 의미에 대하여 허구이든 사실이든 애매하게 다루어 실재를 창안하거나 구성하도록 돕는다.

일곱째, 내러티브는 전형적으로 그 중심에 갈등을 불러일으키는 문제 상황을 위치시킨다. 말할 가치가 있고 해석할 가치가 있는 내러티브란 '문제'를 지닌 스토리에 의해 결정되는데, 그 문제의 형태 또한 시간과 상황에 따라 다른 이야기로 변화한다. 여덟째, 내러티브는 나의 이야기와 너의 이야기가 각자 존재하는 것을 인정하고, 이를 상호 교섭하는 과정에서 나타나는 유연하고 다양한 해석 또한 수용한다. 아홉째, 삶과 함께 연속되는 각각의 스토리들은 각자의 고유한 바탕에서 내러티브적으로 존재한다. 따라서 계속되는 개개인의 스토리는 연속성이 있고 이는 개인의 삶에 일관성을 부여하며 과거와 현재를 연결하는 역사성 또한 가능하게 한다(Bruner, 1996, 130-144).

그동안 사회과교육은 사회 실재를 다루는 교과로서 과학적 검증과 발견을 강조해 왔고, 그러한 수업의 과정이 곧 사회과 수업지도안의 주요 모델로 위치해 왔다. 이러한 현실에서 브루너가 유도하는 내러티브적 수업으로의 전환은 사회과 수업에 대한 새로운 이해와 구성 원리를 제공한다는 가치가 있다.

나. 사회과 수업지도안의 내러티브 구성 준거

사회과교육은 시민성 함양을 겨냥하는 목적교과로서, 학습자에게 고정된 지식이나 가치를 전달하기보다는 사회 변화에 따른 지식의 변화와 생성을 인정하는 교과이다. 따라서 사회과 수업은 사회 현상과 사회 내 존재로서의 인간의 삶을 연계하는 내러티브적 수업을 강하게 내포한다(강현석, 2009; 홍미화, 2015). 사회과 수업이 사회 현상에 대한 텍스트와 그 텍스트를 활용하여 이야기(담론)를 이끌어가는 수업이라는 점은 내러티브 사고 양식을 통하여 사회 현상(세계)과 인간의 삶을 직접적으로 다룰 수 있는 수업임을 의미한다. 사회과 수업이 사회과학적 내용으로 구성되는 것이 아니라 사회 현상에 대한 수업 주체의 해석을 통하여 이루어진다고 할 때, 수업지도안 또한 이러한 내러티브적 사고과정과 표현 양식에 주목하여 구성할 필요가 있다.

내러티브는 개인의 특별한 경험에 의하여 형성되는 실천적 지식의 표현방식이다. 사회과 수업지도안 작성 과정은 사회과 수업에 대한 교사의 실천적 지식이 내러티브적 사고의 과정을 통하여 재현되는 실천적 행위로 교사는 이를 통하여 자신의 수업 구성에 대한 성찰을 할 수 있다. 사회과 수업지도안은 수업의 목표, 활동, 자료, 내용이라는 형식적 요소로만 구성되는 것이 아니라, 다양한 사회 현상에서 특별히 그러한 내용 요소를 선택한 이유와 근거 또한 담겨 있는 것이다.

문제는 기존의 수업지도안이 일률적인 지도안의 형식을 제공함으로써 수업 구성에서 발휘되는 교사의 특별한 지식과 내러티브적 사고를 방해한다는 점이다. 그렇다면 수업지도안의 내러티브적 구성은 어떻게 가능한가에 주목할 필요가 있다. 수업지도안을 단순히 문학형식을 차용한 기승전결의 형식으로 논의할 경우, 그것은 수업을 이야기 형식에 강제하는 것이다. 한편 수업지도안을 일종의 '개인적 메모' 수준으로 간략화하는 경우, 그것은 수업의 특별함을 표현하기 어렵고 가독성 또한 낮을 것이다.

따라서 사회과 수업지도안의 내러티브적 구성을 특정 형식으로 규격화하기보다는 지도안 쓰기의 의미와 교육적 원리를 중심으로 유도하는 것이 중요하다. 사회과 수업지도안은 사회과교육의 목적에 대한 교사의 인식을 통하여 이루어지므로, 목적에 대한 교사의 신념, 예를 들어 민주시민으로서의 능력과 자질, 인간과 세계에 대한 바람직한 이해, 세계와 인간에 대한 비판적이고 반성적인 사고력 등에서 교사가 지향하는 방향을 인정할 필요가 있다.

교사의 신념이나 수업의 의도를 담아내는 지도안이 실제 수업에서 활용 가능성
이 높은 지도안이라고 할 때, 수업의 의도를 담아 내러티브적으로 구성하는 지도
안에 대한 준거 설정은 매우 중요하다. 본 장에서는 앞 절에서 살펴본 지도안의 텍
스트성과 내러티브적 속성을 근거로 〈표 1-3-2〉와 같은 준거를 설정하였다.

〈표 1-3-2〉 사회과 수업지도안의 내러티브적 구성 준거

구분	이론적 특성	수업지도안으로의 적용	내러티브적 지도안의 준거
텍스트속성	-형식의 응집력 -내용의 일관성 -내용의 가독성 -정보의 용인성 -상황 이해 가능성 -상호 텍스트성	-단계의 형식 -내용 간의 관계 -내용의 가독성 -교실상황이해 여부 -독자와의 소통 가능성	-학습단계의 특정 형식추구 -학습문제와 내용의 흐름 (학습문제의 갈등 여부/ 문제 와 내용 간의 일관성/ 특별 한 이야기의 유무
내러티브적속성	-사건에 대한 시간적 의미 -특수하고 개별적인 이야기 -강요 없는 의도적 전개 -이야기에 대한 해석적 순환 -일상 규범에서의 탈피 -질문에 대한 개방성 -단정적인 표현 금지 -갈등을 지닌 문제 상황 -개별 이야기의 인정 -내러티브의 연속성	-갈등을 내포한 문제 상황 -특별한 사건이나 이야기 -이야기의 의미 있는 전개 -상식적 판단이나 규범탈피 -명료화. 단정적 표현탈피 -질문에 대한 개방성 -다양한 해석 가능성 -후속 수업과의 관련성	-학습요소(활동)간의 관계 -교사와 학생의 소통과정 -이야기(자료)에 대한 단정적 표현 여부/ 질문 가능성 여부/ 다양한 해석 가능성/ -상식과 규범 탈피 여부 -독자의 가독성 가능 여부 -후속 차시와의 연계 가능성

여기서의 내러티브적 수업지도안이란 지도안으로서 갖추어야 할 일련의 텍스트
성과 수업에서 나타나는 내러티브적 속성을 통합한 성격을 지닌 지도안을 말한다.
수업지도안을 내러티브적으로 구현한다는 것은 수업에서의 교사와 학생 간의 개
별적이고 특별한 이야기를 인정하고, 기존의 담론과 대치되는 새로운 의문을 지닌
문제를 제시하여 그 문제를 스스로 해결하고자 하는 이유을 가짐과 동시에 해결
책에 대한 지속적인 의문을 제시할 수 있음을 말한다. 내러티브서 지도안 구성은

교사와 학생에게 부딪힌 새로운 문제와 그것을 해결하는 과정에서 제기되는 다양한 이야기, 그리고 그것을 해결하고자 하는 이유 있는 행위와 다양한 모색, 그와 관련한 새롭고 지속적인 의문과 논의가 연속적으로 다루어지도록 유도하는 것이다.

4. 사회과 수업지도안 사례에서의 내러티브 양상

이 절에서는 예비교사들이 작성한 대상 지도안을 질적으로 분석, 정리하여 사회과 수업지도안에 내포된 내러티브적 양상을 확인하였다. 여기서 분석 대상 지도안은 초등 4학년 2학기 사회 교과서의 '소수자 권리 보호'와 6학년 2학기 사회 교과서의 '행복한 삶과 인권'을 대상으로 작성한 18편의 '인권' 관련 사회과 수업지도안이다. 수업지도안의 작성자는 사회과교육과 관련한 필수강좌(초등사회과교육 1, 초등사회과교육 2)와 3회(참관실습 2회, 수업실습 1회)의 교육실습을 경험한 C교육대학교 4학년 학생 18명이다. 이들은 4학년 사회과교수법의 이론과 실제 강좌를 수강하면서 세안과 약안 등의 형식적 규제 없이 자유롭게 '인권' 관련 지도안을 작성하였다.

대상 지도안 분석은 상기 〈표 1-3-2〉에서 제시한 내러티브적 지도안의 준거를 중심으로 하였는데, 특히 첫째, 학습의 흐름을 제시하는 단계 간의 관련성 및 학습문제와 내용 간의 일관된 흐름이 유지되는 지도안인가? 둘째, 학습문제가 사회현상에 대한 명료하고 단정적인 표현에서 벗어나 사회 현상에 대한 호기심과 갈등이 내포된 유용한 문제인가? 셋째, 학습문제를 해결하기 위한 특별한 사건이나 이야기가 제기되는 지도안인가? 넷째, 학습 내용 요소 간(혹은 활동)의 유기적 관련성이 깊은 지도안인가? 다섯째, 자료와 이야기에 대한 지속적인 질문의 가능성과 다양한 해석이 존재하는 지도안인가? 여섯째, 상식적이고 규범적인 사실과 개념을 강조하기보다는 그것에 대한 낯선 관점과 새로운 해석이 존재하도록 유도하는 지도안인가? 일곱째, 후속 차시와의 흐름이 자연스럽고, 독자의 가독성이 보장되는 지도안인가? 등을 핵심 준거로 하였다.

이러한 분석은 지도안의 양식과 단계의 유무 등 과거의 형식적 분석에서 벗어나 수업 문제와 내용, 혹은 수업 내용 간의 관계, 수업 내용과 방법, 방법과 방법 간의 연계성, 학생 간 혹은 교사와 학생 간의 상호 소통의 관계 등 지도안을 구성하는 요소 간의 구조적 관련, 교사와 학생의 이야기에 대한 다양한 해석의 수용 여부, 새로운 문제에 대한 논의 여부 등 내러티브적 구조와 의미에 집중하는 분석이다.

가. 사회과 수업지도안의 학습단계와 흐름 분석

예비교사의 인권 관련 수업지도안에 나타난 학습단계와 수업과정을 정리하면 〈표 1-3-3〉과 같다.

〈표 1-3-3〉 수업지도안에 나타난 학습단계와 학습과정

순	학습 단계	유형
1	도입-학습문제-모둠별 조사내용-활동 1-활동 2-활동 3-활동 4-활동 5-활동 6-차시예고	활동 제시형
2	문제 찾기-학습문제 도출-문제파악 및 해결-적용 및 발전-학습정리-차시예고	문제해결과정형
3	도입(전 치시상기/학습목표 제시)-전개(활동 1-활동 2-활동 3)-정리(탐구주제 정하기)	활농 제시형
4	도입(문제의 초대/ 학습문제 확인)- 전개(기존개념 탐색/기존개념 뒤집기/구체적 개념 확인/모은개념 정리: 활동 1, 2, 3)-정리(마음으로 느끼기)	복합형

5	문제파악(전시학습상기/동기유발/학습문제제시)–전개(사례제시 및 탐색)–정리 및 평가	문제해결과정형
6	도입(인사 및 동기유발/수업의도 소개/학습목표 제시)–전개(활동 1/활동 2/활동 3 다짐 확인)–마무리(정리 및 가치 재인식)	활동 제시형
7	동기유발 및 문제파악–활동 1–활동 2–활동 3–마무리–차시예고	활동 제시형
8	동기유발–문제사태 파악(활동 1)–문제확인(활동 2)–대안제시(활동 3)–적용 및 정리(활동 4)	복합형
9	문제 사태 파악(동기유발/문제파악)–문제확인–정보수집(활동 2/조사 및 토의)–대안제시(자료제시/활동 3/토의)–적용–반성 및 정리	복합형
10	문제 파악(동기유발)–문제설정(학습목표확인/문제를 위한 준비)–문제 해결의 탐색(해결방안찾기)–새로운 문제제기(학습문제 해결/다른 상황제시)	문제해결과정형
11	문제파악(전 차시상기/학습문제 제시/학습문제)–문제탐색1–문제추구 1–문제탐색 2–문제추구 2–새로운 문제제기	문제해결과정형
12	문제사태직면–계획(문제공감/학습순서파악)–활동개(문제원인 확인/정보수집/: 활동 1, 2)–검증(자료를 통한 결론도출)–정리(학습내용정리/차시예고)	복합형
13	문제파악(동기유발/학습문제 정하기)–문제추구 1(가설 설정)–문제추구 2(가설 검증)–결론 도출–정리	문제해결과정형
14	학습안내–문제파악(문제제시/학습활동안내)–문제탐색(활동 1, 2, 3)–일반화–정리	복합형
15	준비(동기유발)–문제파악(문제의식/학습문제 제시/학습순서 안내)–문제해결을 위한 탐색(가설세우기: 활동 1/자료수집/가설의 타당성 검증: 활동 2)–새로운 문제제기(차시예고)	복합형
16	안내(동기유발/학습문제제시/학습순서안내)–용어정의(활동 1)–가설설정(활동 2)–탐색(활동 3)–검증–일반화(정리)	복합형
17	도입(동기유발 및 문제의식)–전개(용어정의 및 가설설정/탐색/가설검증)–정리(일반화/적용 발전)	문제해결과정형
18	도입(문제제기/학습활동안내)–전개(활동 1, 2, 3)–정리(차시예고)	활동 제시형

사회과 수업지도안의 단계와 학습 과정을 분석한 결과, 다수의 예비교사들은 도입−전개−정리의 유형과 문제해결학습 과정의 유형, 혹은 두 가지 유형을 단계와 학습과정으로 구분하여 복합적으로 활용하고 있다. 이를 다시 학습의 전개 과정 중심으로 분석하면, 활동 1, 2, 3과 같은 형식을 사용하는 '활동 제시형'이 다수이며, 활동과 문제해결과정(탐구형 포함)을 동시에 사용하는 '복합형', 또는 문제해결과정으로만 제시하는 경우 등으로 나타났다. 사회과 수업지도안이라 할지라도 전 교과에서 활용하는 도입 전개 정리의 3단계형 수업지도안이 보편적으로 활용되고 있으며 그 외에는 사회과교육에서 중시하는 사고력 중심의 수업모형을 중시하는 결과로 보인다. 수업지도안에서 제시되는 '단계'는 단위 시간에 따른 특별한 내용의 응집력을 나타내는 형식으로, 각 단위 시간에서 다룰 수업내용에 대한 교사의 내러티브적 사고 과정이 반영된 것이다.

분석 결과에서 보다 특별한 지도안은 10, 11, 15번 지도안으로, 이 지도안들은 수업의 정리 단계를 수업내용 마무리로 보기보다는 다음 수업을 위한 새로운 문제 사태를 제기하는 과정으로 판단하여 후속 수업에 대한 기대와 공감을 유도한다는 점이다. 이는 차후 수업의 연속적 흐름까지 고려한 것으로 정리 단계에 대한 교사의 특별한 해석이 작동한 것이다. 그러나 이러한 수업단계 중심의 지도안 분석은 각 단계에 따른 수업의 내용과 방식, 그리고 그들 간의 관계에 대한 일관성을 파악하기는 어렵다.

나. 학습문제의 유용성과 학습 내용의 일관성

수업지도안의 각 단계에서 구체화된 내용 구성 전반의 흐름과 각 내용 간의 관계를 통해 수업 전체와 각 내용 간의 조화, 학습문제와 수업내용의 정합성은 물론 수업 내용 간의 연관성 및 수업내용과 방법의 정합성 등을 파악할 수 있다.

분석 결과 아래의 〈표 1-3-4〉에서 보는 바와 같이, 학습문제와 학습내용이 이질적인 경우는 거의 없었으나, 대부분의 학습문제가 규범적 가치를 그대로 표현하거나 학생의 인지적 정확성을 유도하고 있어 학습문제에 대한 호기심이나 지속적인 탐구를 유도하지 못한다. 또한, 다수의 지도안은 인권 보호의 다짐과 실천을 학습문제로 제시하여 인권 문제에 대한 공감 과정보다는 침해 사례와 그 분석에 치중한다. 이것은 학생 자신의 특별한 이야기가 수업에서 부재하기 쉽다는 것을 의미하며, 따라서 학생 스스로 실천할 수 있는 방법 또한 논의되기 어렵다. 인권 문제는 인권침해가 왜 문제가 되는가에 대한 개별적 공감과 관심에서 출발한다. 자신의 차별적 관점을 이야기함으로써 해결 방법을 찾는 것이다. 다수의 지도안은 이러한 흐름보다는 교과서에 제시된 침해 사례를 그대로 나열하여 가르치거나 소수자에게 도움을 주어야 한다는 입장에서 마무리한다. 학습문제가 학습내용을 탐구하도록 유도하고 학습내용 각각이 그러한 의도에 따라 위계를 갖출 때 일관성을 담보한 내러티브적 지도안이라고 할 수 있다.

〈표 1-3-4〉 수업지도안에 나타난 학습문제와 수업내용의 흐름

순	학습문제	수업내용의 전체적 흐름
1	인권침해 사례를 조사하고 인권 보호를 위해 내가 할 수 있는 일을 찾아 실천해 보자.	**풍속화**보고 보이는 사실 말하기–옛날과 오늘날의 인간의 권리 비교하기–학습문제 알기–인권이 침해 사례와 해결점 모둠별로 조사하여 발표하기(학생인권, 다문화가정, 왕따, 장애인 등)–다문화가정 인권침해사례 듣고 질문대답–관련 내용교사설명–외국인 근로자 사례발표 질의응답정리 –(…6개조 모두유사 진행)–인권( ) 채우고 그 이유 말하기(인권은 공기, 인권은 물감 등)–자신의 행동 돌아보고 노력 다짐하기

2	인권 침해로 도움이 필요한 사람들을 위한 올바른 도움 방법을 찾을 수 있다	**공익광고** 보고 인권관련 질의대답-학습문제 확인-장애인(외국인근로자, 노숙자 등)의 인권 문제 조사내용모둠발표-노숙자 문제에 대한 토론 준비-도움주기 찬성과 반대로 나누어 토론 진행-토론 결과 발표 및 생각이 변한 친구의 이유 듣기-토론에서 느낀 점 이야기
3	인권에 관심을 가지고 인권을 보호하려는 마음을 가진다.	인권의 뜻 **퀴즈** 풀기(인권, 자유권, 사회권, 테레사수녀, 마틴 루터 킹, 엠네스티)-학습문제 제시-북한 정치수용소 관련 영상 보고 질의 대답, 느낌말하기-왕따 관련 영상 보고 느낌과 해결방법 등 질의응답-시각장애인 영상 보고 느낌과 대처방법 및 보호방법 질의응답-대한민국 초딩으로 산다는 것. 관련 영상 보고 어린이의 권리보장이해-조별 탐구주제 정하여 그 해결방법과 실천계획 세우기 차시예고
4	인권이란 무엇일까?	**사례** 보고 인권관련 내용 찾기-탐구문제 확인-인권의 뜻 말하기-사례 다시보고 인권관련 사례 다시 찾기(초상권)-인권의 숨은 뜻 알기-유엔아동권리협약 읽고 앞의 사례와 연결하여 말하기-추가된 인권의 의미 제시하기-인권에 포함되는 관련 개념 확인하기-인권 재정의-방정환의 어린이 선언 읽고 느낀 점 말하기-마음다지기
5	인권을 보호하기 위해 내가 할 수 있는 일에 대해 생각해보자.	**사진** 보고 12월 10일 인권의 날 상기시키기-학교폭력과 외국인 노동자 영상 보고 느낌말하기-학습문제 제시-인권침해사진 다시 보고 도울 수 있는 방법 적기-조별로 느낀 점 말하기-결과 발표하기-오늘 수업의 주제인 인권 보호 방법 정리 설명하기-느낀 점 적고 실천하기 다짐
6	인권 보호를 위한 노력을 알고, 평범한 사람들의 특별한 변화를 시도해보자.	**초콜릿** 먹어 보기-공정무역에 의한 착한 초콜릿 설명하기-학습목표 읽기-세상에 100명의 사람들이 있다면 상상해보기-관련영상 시청하고 질의 대답 설명하기-테레사수녀, 마틴 루터킹, 전태일 인물보여주고 설명 질문하기-우리가 할 수 있는 인권보호방법 찾아 게시판에 붙이기-다짐하기
7	학생인권조례의 뜻과 역할을 깨닫고 타인의 인권을 생각하는 태도를 가진다.	북한인권, 위안부인권, 마틴 루터킹 연설 **동영상** 보기-학습문제알기-관심 가는 학생인권조례 에 대하여 친구에게 소개하기-학생인권조례의 내용에 대하여 질문 대답-인권서약서 작성하여 발표하기-우리가 할 일 차시에고
8	인권의 소중함을 알고 생활 속에서 인권보호를 실천할 수 있다.	인권**포스터** 보고 질의대답-차별받는 한국인과 차별하는 한국인 관련 뉴스보고 질의대답-학교에서 일어나는 다문화 가성 인권 침해사례일기 듣고 질의대답 다문화자녀이 괴로움 조사자료 보여주기-그 외의 인권침해사례 찾아 해결방법 토의하기-도입에서 본 인권포스터에 제시할 문장 만들기-발표 및 인권중요성 정리

9	인권보호가 필요한 사람들의 어려움을 알고 인권보호를 위해 내가 할 수 있는 일을 찾아 실천해 보자.	**인권지수 테스트하기**-블루시안가위바위보 동화내용 질문-인권문제의 사실 확인-학습문제 읽기-조별 인권조사단 만들고 사례조사하기 인권침해사례 발표-'살색' 신문기사 보고 질문-우리가 할 수 있는 일 찾아 계획서 만들기-우리 반의 인권침해 사례 찾아 해결할 점 발표하기-인권지수 테스트 다시 하기-느낌 말하고 인권의 의미 재확인
10	인권보호의 필요성을 알고 실천 의지를 가지며 실생활에서 실천할 수 있다.	동물농장 **영상** 감상-학습목표빈칸 채우며 확인-유사한 주변사 례의 인물 말하기-우리의 권리와 의무 알기-무시당한 우리들 사례 활동지에 쓰고 발표-학습목표 다시 확인-세계 여러 나라의 인권문제 사례알기-영상 보기 과제
11	우리 사회 어린이 인권문제를 조사하고 일상생활에서 자신의 인권에 대한 문제의식을 가지고 해결하려는 태도를 갖는다.	배운 내용 질문-학습문제 알기-**신문**에 나온 인권침해의 제목 말하기-침해사례 조별 발표-발표내용 추가 설명-우리의 인권강조 설명-활동지에 다른 친구를 위한 도움글쓰기-차시예고 우리반인권선언문
12	다문화가정 자녀들의 인권도 소중함을 알고 존중하는 태도를 가진다	다문화가정**뉴스** 보고 차별 이유 말하기-학습목표 확인-인권의 설명-인권보호의 도움이 필요한 사람알기-다문화가정의 뜻 알기-차별받는 이유 알기-다문화가정 차별 관련 대본 쓰고 역할극하기-다문화가정자녀의 인권 지키기 방안 찾기-정리
13	다른 사람을 이해하고 존중하는 태도를 가지도록 노력한다	차별경험발표-차별관련 **영상** 보고 질문-학습문제 제시-교사의 동화구연-관련 질문대답-그림책 뒷부분 상상하여 조별 발표-원 동화책의 결말 보기(흑인의 인권운동)-인권존중 다짐하기
14	인권을 지키기 위해 도움을 받아야 하는 사람들이 겪는 어려움을 이야기해 보자	sos**동영상** 보고 느낌 말하기-학습문제 확인-인권의 뜻 알고 기본권과 인권의 차이질문하기-인권을 보호받지 못하는 사람에 대한 신문기사보고 학습지 작성(사회적약자의 어려움 질문)-옛날이야기 속 인권보호 장면 찾기-퀴즈로 정리
15	주변에서 인권이 침해되는 상황을 알고 침해된 인권을 보장받도록 한다	**사진** 속 친구 표정 말하기-인권개념 정리-인권침해사례보고 문제의식 갖기-인권침해사례 수집-역할극을 통해 사례 발표하기-해결방법 토의하기-세계인권 문제차시예고
16	아동의 인권을 알고 인권피해사례를 통해 아동의 인권이 보호받아야 하는 이유를 찾을 수 있다	아프리카어린이 **영상** 보기-아동인권공부하기-아동의 인권 중요함 설명하기-아동인권 침해 사례 모둠별 발표-인권문제 해결방법발표-인권개념정리 및 아동인권보호방법정리

17	인권이 보장되어야 하는 사례를 찾아 인권이 무엇인지 알 수 있다.	인권침해 **영상** 보고 질문하기–학습문제읽기–권리와 인권의 뜻설명–인간답게 살기위해 필요한 것 말하기–사례를 찾아 권리가 보장되어야 하는 이유 찾기–모둠별로 인간답게 산다는 의미알고 다양한 권리 찾기–토의내용 발표하고 인권존중방법 설명하기–인권 사례사진 보고 우리 교실 속 문제점 알기–인권에 대한 일반화 정리–자신이 받았던 인권침해이야기 조사해오기
18	세계인권선언을 통해 인권의 의미를 생각할 수 있다.	행복해지고 싶은가? **질문**–행복을 위해 필요한 조건–우리가 가진 권리 지키기–세계인권선언 관련 책 읽고 답하기–사물카드로 인권은 **이다 완성–어린이인권선언문 결정하고 꾸미기–영상 보고 지켜지지 않는 인권 생각하기

한편 인권 수업지도안의 수업전개 과정을 살펴보면, 예비교사들은 대부분 인권이 침해당하는 사진, 영상, 이야기 등의 자료를 선택적으로 활용하여 인권침해의 문제점을 찾도록 유도하며, 이를 통해 문제를 인지하고 해결하는 방법을 시도하도록 수업을 구성한다. 그러나 지도안의 내용을 자세히 분석하면, 각 자료를 중심으로 유도되는 질문과 답변은 인권침해의 심각성을 알아야만 한다는 당위성에 고정되어 있으며, 제시된 인권침해의 다수 사례 중에는 학생과 교사의 일상적 삶과 괴리된 경우 또한 많다. 예를 들어 동화 속 주인공의 삶(동물농장, 신데렐라 등) 혹은 위대한 인권운동가의 삶(흑인, 수녀, 노동자 등)은 일반적인 학생의 삶과 구분된다. 이들을 동경하고 존경하는 것에서 나아가 자신의 삶에서 발생하는 실제 사건으로 인권이 이야기될 때 공감도와 해결 의지는 강해질 것이다. 즉 사례 자체가 실제 우리의 삶과 연계된 문제로 확장되어야 할 것이다.

한편 사례와 관련한 교사의 답변에는, '인권은 누구나 보장받아야 함에도 그렇지 못한 사람들이 있는데, 우리 모두 이들을 도와주어야 한다.' 라는 규범적이고 가치 수입식 답변을 유도하는 경우 또한 많다. 이 경우 학생들은 자신이 일상에서 인권은 무엇이며, 인권과 관련한 특별한 경험이 무엇인지 등 자신의 인권과 관련하여 의미를 확장하지 못한다. 내러티브적 지도안이란 학생의 사소하지만 특별한 경험을 존중하고 그것을 이야기하도록 함으로써 자신의 인권이 무엇이고 어떠한 의미를 내포하는지를 알도록 하는 것이다. 학생 각자가 자신의 삶에서 사례와 유사한 경험을 확인하고 이를 어떻게 해결하는 것이 바람직한가에 대하여 사고하도록 유도해야 한다.

이와 관련하여 지도안 9번의 경우에는 활동지를 통하여 자신의 인권침해지수를 스스로 점검한 후, 인권침해와 관련한 주변 어린이의 삶이 담긴 책을 읽고 관련 사례를 점검하는 활동을 한 후 다시 자신의 인권침해지수를 재검토하는 과정으로 수업을 구성하여 인권에 대한 진단을 지속적으로 유도한다. 이러한 지도안은 인권과 관련한 자기반성과 순환적 해석이 가능한 내러티브적 구성이라 할 수 있다. 인권을 존중하도록 유도하는 교사의 의도는 있으나 그것을 강제하여 주입하기보다는 배움과 공감을 통한 변화의 가능성은 학생에게 맡기는 것이다. 내러티브적 지도안은 명료한 학습문제와 명확한 정리의 유무가 아니라 일상적 경험을 새롭게 보도록 유도하고 그것을 지속적으로 고민하도록 만들어가는 '의심스러움'이 위치한 지도안일 것이다.

다. 수업 전개과정에 나타난 활동의 연계성과 위계성

예비교사의 인권 수업지도안에는 인권의 개념, 인권의 중요성, 인권침해 사례, 인권문제 해결 방안, 우리가 할 수 있는 인권존중 방법 등이 주요 내용으로 나타나 있다. 여기서는 이들 내용이 어떠한 방식으로 제시되었는지 수업전개 과정에 나타난 활동과 각 활동 간의 관계를 중심으로 분석하였으며, 그 결과는 〈표 1-3-5〉와 같다.

내용 나열형	내용 연계형	절차적 위계형	일괄형	인과형/선택형
〈지도안 1〉 학생인권/다문화가정/아동문제/왕따문제/장애인문제/ 〈지도안 3〉 믿을 수 없는 북한수용소이야기/학교의 눈물/시각장애인으로 사는 법/ 대한민국 초딩 〈지도안 8〉 차별받는 한국인, 차별하는 한국인/ 다문화소년의 왕따일기/ 마틴 루터킹 되기/ 인권포스터 만들기 〈지도안 14〉 인권의 의미/인권을 지키기 위해 도움이 필요한 사람/옛이야기 속 인권 찾기 〈지도안 18〉 우리는 모두 소중해요 책읽기/ 사물카드로 인권알기/어린이 인권선언문 작성하기	〈지도안 4〉 인권이란?/유엔아동협약 읽고 인권의미화하기/인권개념정리/어린이선언 읽고 느낌 말하기 〈지도안 6〉 세상이 100명의 마을이라면 상상/관련 영상시청/그들이 지켜준 인권/우리가 지키는 인권 지도안 11) 우리사회어린이인권/어린이인권 분석/나의 인권 〈지도안 16〉 아동의 인권알기/아동 인권침해사례 알기/인권보호방법 찾기	〈지도안 2〉 모둠별 조사내용정리/문제해결/토론주제제시(노숙자)/토론하기/정리 지도안 7) 학생인권조례탐구/학생인권조례정리/인권서약서 작성, 발표 〈지도안 9〉 인권조사단 만들기/조사단 회의/실천계획서 만들기 〈지도안 12〉 인권관련 문제 상황 파악/인권관련 역할극 대본 쓰기/ 역할극하고 해결방안 찾기 〈지도안 13〉 그림책 읽어주기/그림책 뒷부분 상상하기/상상한 내용 발표하기/실제 내용 듣기 〈지도안 15〉 인권이 침해된 상황 찾기/ 상황으로 역할극 만들기/역할극하기 〈지도안 16〉 인권정의/인권 침해사례 찾기/침해사례의 문제점 알고 해결방법 찾기	* 특별한 활동명 없이 교사 주도의 한 가지 활동으로 정리 〈지도안 5〉 사진과 영상을 보고 도울 수 있는 방법과 느낀 점을 발표하고 다짐하기 〈지도안 10〉 영상을 보고 활동지를 작성하며 인권문제 사례알기	* 원인과 결과로 활동을 구분하거나 다양한 활동 중 선택을 허용하는 경우 -관련지도안 없음
5	4	7	2	-

예비교사의 수업지도안에는 교사가 중요하다고 판단한 내용이 전후 관계, 혹은 시간적 흐름과 관계없이 무작위로 나열된 '내용 나열형' 5편, 특정 내용의 전후 관계를 고려하여 수업을 유도한 '내용 연계형' 4편, 특정 내용 1-2종류를 수업의 절차와 관련하여 활동으로 제시한 '절차적 위계형' 7편, 그 외 특정 내용이나 절차 없이 교사의 발문에 따른 하나의 전개 과정으로 제시한 '일괄형'이 2편으로 나타났다. '내용 나열형'의 경우 교사가 의미 있다고 판단한 내용과 그 내용을 다룬 사례들이 다수 나열되어 많은 사례와 사실을 다루어야 하는 형태이며, '내용 연계형'의 경우는 교사가 의미를 두는 사례나 사건을 선정한 후 그와 관련한 확장된 내용 혹은 연계된 내용을 중심으로 활동이 기술된 형태이다. 전자보다는 후자의 경우가 의미 있는 특수한 이야기에 대한 다양한 개별적 담론이 가능한 내러티브적 구성이다.

한편 다수의 지도안은 활동의 순서를 문제해결과정, 혹은 구성 절차에 두고 그 절차에 따라 활동의 순서를 제시하는 '절차적 위계형'을 취하고 있다. 이러한 유형은 수업내용을 한 가지 활동으로 선정하는 대신, 그와 관련한 절차를 각각의 활동으로 제시하는 지도안으로, 선정한 사례가 학생의 인권 감수성과 문제해결의 가능성을 유도할 때 효과적이다. 그러나 대부분의 지도안은 교사가 제시한 하나의 과제를 중심으로 이루어져서 학생의 이야기로 확장되기 어렵다. 이 문제는 교사 주도의 '일괄형'에서도 동일하게 나타난다.

학생의 선택권을 존중하고 사건의 원인과 결과를 고려하여 자료를 제시하고 갈등을 유발하는 질문을 활용할 때 보다 다양한 해석과 이야기가 존재하는 수업이 가능하다. 뚜렷한 근거 없이 수업내용을 나열할 경우 학생의 사고는 분절되고 수업의 흐름을 파악하기도 곤란하다. 특히 인권 수업의 경우 다양한 사례를 모두 활용하는 것보다는 인권에 대한 감수성을 유발하는 특정 사례를 통하여 인권에 대한 지속적인 관심을 유도하는 것이 보다 유목적인 수업지도안일 것이다. 내러티브적 수업지도안이란 한 차시의 목표를 겨냥하기보다는, 주제에 대한 지속적인 의문과 새로운 관심이 확산되도록 수업의 흐름을 유도하는 것이다. 교사는 한 차시의 수업지도안을 어떻게 구조화해야 하는가에 대한 고민도 필요하지만 명확한 질문과 명료한 확인만이 과연 유의미한가에 대해서도 의문을 제기할 필요가 있다.

라. 교육주체(교사와 학생) 간의 상호 소통 과정

수업지도안에는 교사와 학생의 상호 소통과정 또한 존재한다. 학생 간의 의사소통과정은 물론 교사와 학생 전체, 혹은 모둠 내에서의 학생 간의 소통, 모둠과 모둠 간의 소통, 모둠과 전체 학생 간의 소통, 모둠과 학생 개인 간의 소통, 학생 개인과 전체 학생 간의 작용, 혹은 학생 개개인의 주체적 활동 등 다양한 형태의 소통과정과 활동이 존재한다. 이를 중심으로 지도안을 분석한 결과는 다음과 같다.

〈표 1-3-6〉 지도안에 나타난 교육 주체 간의 상호 소통 관계
(제시된 숫자는 대상 지도안의 순번)

구분	학생 개인 간	교사와 전체 학생	모둠 내 학생 간	모둠 간	모둠과 전체 학생	모둠과 학생개인	학생 개인과 전체[15]	개인별
해당 지도안	-	1, 2, 3, 4, 5, 6, 7, 8, 9, 10, 11, 12, 13, 14, 15, 16, 17, 18	1, 2, 3, 4, 5, 6, 7, 8, 11, 13, 16, 18	2	1, 2, 5, 7, 8, 0, 11, 13, 14, 16,	4, 13	7, 8	2, 6, 7, 8, 9, 11, 14, 15
계	0	18	12	1	10	2	2	8

분석한 지도안 18편은 모두 교사가 학생 전체를 대상으로 자료를 제시하고 질문과 설명을 하는 활동으로 설계되어 있으며, 그 가운데 모둠 활동을 제시한 12개의 지도안에서는 모둠 내에서 학생들이 서로 토의하거나 활동지를 작성하는 과정이 제시되어 있다. 일부는 모둠 내에서 조사내용을 나누어 정리하는 등 개별 활동이 진행된 후 토의 과정을 거치는 경우도 있다. 이러한 형태는 교사가 주도하는 수업으로 학생의 개별 조사, 소집단 내 의견 조율, 소집단의 의견을 전체에 발표하는 형식을 기본으로 한다. 그러나 이것은 학생 개개인이 새로운 문제를 제기하거나 자신의 의견을 전체 학생에게 적극적으로 제기하는 과정, 혹은 모둠의 의견을 다른 모둠에게 설득하는 과정 등 교사와의 관계에서 벗어나 학생 스스로 해결책을 모색하는 과정이 없다. 학생 스스로 문제를 찾아 적극적으로 활동하기보다는 교사가 제시하는 자료와 준비한 활동지를 학생 모두가 동시에 완성하는 수준의 전체 활동인 것이다. 이러한 유형은 사회 현상에 대한 학생 중심의 이야기를 제어하고 교사의 정형화된 발문과 활동으로 이루어지는 수업, 즉 사회 현상에 대한 명료한 정답을 상정한 수업임을 예측할 수 있다.

대부분의 지도안에서 모둠별 토의나 토론 활동이 제시되어 있으나, 이 또한 학생의 문제의식과 자율적 활동이기보다는 교사의 문제 제기로 이루어지는 절차로 보이며, 의견에 대한 합의를 추구하는 학생 간의 관계에 중심을 두기보다는 모둠 내에서 신속하게 결과를 정리하고 발표하는 절차 중심의 성격이 강하다. 인권과 관련한 학생들의 다양한 문제의식과 담론이 형성되지 못한 채 주어진 활동을 마무리해야 한다. 인권과 관련한 사례나 현상에 대한 충분한 이야기 나누기는 인권에 대한 감수성과 새로운 의미를 탐색할 수 있는 중요한 시간이다.

한편 교사가 일방적으로 자료를 제시할 경우에는 평범하고 일반적인 사례보다는 다양한 해석과 갈등의 소지가 있는 이야기가 필요하다. 일반적인 사례를 제기하는 경우, 결국 교사의 의도대로 그 사례를 설명하는 것에 그칠 뿐 학생이 이해하는 이야기는 사라지는 것이다. 토론과 토의의 의미는 인권문제를 해결하는 방법을 정리하는 데 있다기보다, 학생 상호 간의 의견을 듣고 조율하며 상호 인정하는 소통의 과정을 경험하는 데에 있다. 따라서 모둠 활동은 짧은 시간 내에 결과를 정리하여 발표하는 형식에서 벗어나, 학생 개인의 의견을 이야기하고 그 의견을 다른 모둠과 조율하는 과정, 혹은 학생 개인의 흥미로운 이야기를 학생 전체에게 들려주는 방식 등 학생의 이야기에 초점을 두는 지도안으로 구성하는 것이 필요하다.

수업지도안을 내러티브적으로 구성한다는 것은 학생의 이야기를 통하여 문제를 찾고 다수의 학생이 이를 이해하고 해결하는 과정을 통하여 자유롭게 소통하는 과정을 유도하도록 구성해야 함을 말한다. 분석한 지도안과 같이 수업의 결과에 치중하는 토론과 토의 활동은 교사의 설명으로 해결할 수 있는 수업과 다르지 않다. 이러한 수업은 문제에 대한 지적 호기심과 해결을 위한 응집력이 약하며, 수업의 맥락보다는 시간의 통제를 의식하는 수업이다. 학생 개개인의 경험과 의견이 살아나는 수업은 예상치 못한 특별한 수업 상황이 발생하는 수업이다. 교사는 이러한 수업을 두려워하기보다는 그 상황 자체가 학생들 스스로 수업을 만들어가는 적극적인 수업임을 인정할 필요가 있다. 적극적인 수업을 유도하는 지도안이란 학생 개인의 활동은 물론, 학생의 모둠 내 역할, 모둠 간의 조정 과정, 학생의 자유로운 발언과 그에 대한 허용 시간 등을 자유롭게 조직하는 유연한 지도안이다.

에필로그

수업지도안은 수업을 계획하고 설계하는 문서에서 나아가 교사 자신이 의도하는 수업을 표현하고 기록하는 공적 문서이며 학교의 수업 문화를 공유하고 소통이 가능하도록 돕는 텍스트이다.

내러티브적 구조를 갖춘 사회과 수업지도안은 사회 현상에 대한 교사와 학생의 이해과정과 소통과정이 드러나는 지도안이다. 그것은 기존의 사회 현상에 대한 학생의 의문과 갈등을 제기하는 이야기와 사례를 통하여 문제의 사태를 인지하는 것, 이를 해결하기 위하여 새로운 자료를 제시하고 근거를 밝히는 것, 이에 대한 학생들의 다양한 의견이 소통되도록 돕고 이를 통하여 스스로 문제를 해결해 가도록 유도하는 과정이 표현되는 지도안이다. 이러한 수업지도안은 수업문제와 학습활동이 일관성을 갖추고 만들어지며 자료에 대한 단정적 표현보다는 질문의 가능성에 의미를 둔다. 또한, 상식과 규범에 근거한 현상을 기술하기보다는 갈등과 고민을 유발하는 현상을 중심에 위치시킨다. 학생들은 새로운 사회 현상을 이해하고 그에 대한 또 다른 문제를 제기할 수 있다.

이러한 과정은 학생의 일상적인 삶에서 일어나는 사건에 주목하는 것이자 그러한 삶에 항상 의문을 제기하고 새로움을 유도하는 과정이다. 수업의 목표와 내용, 방법과 평가가 한 차시 안에 공존하는 지도안이라기보다는 시간의 제약을 허물고 수업 요소 간의 특별한 의미가 존중되는 지도안이다. 내러티브적 지도안은 무엇을 가르칠 것인가에 대한 명료한 답을 제시하기보다는 왜 그것을 가르치는가에 주목하는 지도안인 것이다.

이와 같은 사회과 수업지도안을 구성하기 위해서는 특정 사회 현상에 대한 의미 있는 탐구를 유도하는 토픽을 정하고 그와 관련한 일관성 있는 내용과 활동이 필요하다. 또한, 수업의 목적은 물론 수업의 상황을 고려하고 교사와 학생의 특별한 이야기에 주목할 필요가 있다. 교사와 학생의 다양한 소통 방식을 활용하여 사회 현상과 인간의 삶에 대한 의문이 지속되도록 구성할 필요가 있다. 나아가 제한된 시간이나 형식의 틀을 벗어나 주제의 의미를 살리는 방향으로 구성할 필요가 있는 것이다.

내러티브적 사회과 수업지도안은 특정 형식에 수업을 가두지 않고 세계와 인간에 대한 교사의 특별한 의미와 교육석 감식안이 표현되는 지도안이다. 이러한 지도안은 교사를 수업의 전문가이자 새로운 수업 문화를 유도하는 특별한 주체로 위치시킨다.

제2부의 일부 내용은 저자의 논문(2015, 2019)과
곽혜송·홍미화(2017)의 논문을 보완하여 재구성하였습니다.

2부.

사회과 수업,
내러티브로 보다

내러티브는 가까이 있지만 쉽게 드러나지 않는다.
내러티브는 시간과 맥락에 따라 다른 의미로 읽히거나
만들어진다.
내러티브에는 보이지 않고 들리지 않았던 누군가의
삶이 투사되어 있기에 우리를 새로운 사유와 성찰의
세계로 안내한다.

1장.
사회과 수업에서의 내러티브

내러티브는 일상의 경험과 개인적 행위에 의미를 부여하는 형식이자 세계를 이해하는 지식의 특별한 범주이다. 수업을 내러티브로 본다는 것은 수업에 존재하는 교사의 행위와 판단을 존중하고 교실 상황과 맥락을 인정하며 수업의 사건에 주목하는 것을 말한다. 사회과 수업에서의 내러티브란 변화하는 사회 현상을 이야기로 이야기하고 그것을 자신의 이야기로 다시 만들어가는 전 과정을 의미한다.

> 수업 내러티브, 사회과 수업, 수업의 소재, 수업의 구조, 수업의 목적

1. 사회과 수업 연구에서의 내러티브

수업은 교사와 학생의 대화를 전제한 교육적 활동이다. 특히 사회과 수업은 특성상 사회현상에 대한 담론의 성격이 강하다. 그런데 수업을 바라보는 기준은 이같은 교육적 의미보다는 학교문화의 규율적 코드로 작동하는 경향이 짙다. 교사의 수업은 기존의 문화적 표준을 강요하는 관찰자의 눈에서 자유롭지 못한 것이다. 한 시간의 수업에서 교사는 정해진 단계에 따라 시간의 완결성을 강요받으며 목표를 향해 전진해야 하고, 학습자는 자신의 의견을 표현하기보다는 주어진 지식을 기억하도록 강요받는다. 수업에 들어 있는 이러한 문화 코드로 인하여 가르침과 배움이라는 교육적 경험은 그동안 좋은 이야기로 표현되지 못하였다. 그러나 인간은 자신의 경험을 이야기로 만들고 이해하는 존재이며, 수업은 교사와 학생의 경험을 담은 교육적 이야기의 하나라고 할 수 있다. 수업을 이야기로 인식한다는 것은 수업의 표준적 관행보다 그 내부에 담겨 있는 맥락과 상황의 특별함, 그리고 수업에 존재하는 교사와 학생의 가치를 인정한다는 것이다. 수업은 교육 주체들의 내러티브적 사고를 통하여 재현되는 또 하나의 내러티브라고 할 수 있다.

이야기를 연구하는 일은 인간의 경험을 연구하는 일이다. 특히 수업이야기에 주목하는 일은 교육적 대화와 그 경험의 의미를 확인한다는 점에서 가치가 있다. 수업을 내러티브로 이해하고 수업에서의 내러티브적 양상에 의미를 두는 일은 교육적 경험의 가치를 이해하는 일이다. 내러티브가 엮어내는 이야기란 무질서한 집합체로서의 어떤 사건, 혹은 그 나열이 아니라, 부분과 전체, 처음과 끝이 일관된 연결성을 갖도록 하는 질서화의 작업에 근거하고 있다(이흔정, 2004, 153). 이야기를 만들고 이야기로 표현되는 내러티브는 그 속성상 복잡하고 다층적이다. 그럼에도 불구하고 이야기에 주목하는 것은 현대사회에서 중시해 온 패러다임적 사고와 그 결과로서의 과학적 지식 또한 인류의 문화에서 의미 있는 것에 대한 내러티브적 사고를 통하여 소통되고 존속해 온 내러티브의 결과물이기 때문이다. 수업이야기를 내러티브로 인정하는 것은 인간의 교육적 경험을 시간에 따라 계열화하고 조직하여 전달하는 것이며 한 사회와 문화를 이해하는 일과 다름 아니다.

그동안 한국 사회과교육에서의 내러티브 연구는 세 가지 측면에서 시도되어 왔다. 첫째, 사회과 수업의 교재이자 수업 방법으로서의 내러티브(이정연, 2011; 정길용, 2009), 둘째, 역사 교재의 구성과 서술체제로서의 내러티브(김한종, 1999; 이영효, 2003; 안정애, 2006; 강선주, 2011; 송상헌, 2006), 셋째, 지리 수업에서의 내러티브가 지닌 가치(조철기, 2011) 등이 그것이다. 이 중 내러티브가 사회과 수업에서 자주 활용되는 이야기 자료임을 강조하고 이야기 수업 자료를 개발한 연구(이정연, 2011), 내러티브는 결국 교사의 설명식 수업 방법과 다름이 아니라는 연구(정길용, 2009) 등은 초등 사회과 수업에서 내러티브의 활용 가치를 중시한 연구이다. 그러나 이 연구들 또한 내러티브를 사회과교육의 소재, 혹은 방법으로서의 내러티브 개념에 한정하여 기술함으로써 사회과교육과 내러티브의 관계를 축소시켰다(홍미화, 2013b, 162).

한편 교육학 분야에서 사회과 수업과 내러티브를 연계하여 연구한 전현정·강현석(2009)은 Egan의 이야기식 모형을 활용하여 사회과 수업 사례를 제시하면서, 사회과 수업이 사회와 관련한 갈등을 인지하고 해결하는 이야기 구조를 갖추고 있다고 보았다. 이는 이야기 소재만을 내러티브로 인식하던 차원에서 사회과 수업 자체가 내러티브임을 확인시켜 준다. 그러나 오늘날 한국 사회과교육에서의 내러티브 연구는 여전히 수업의 소재 혹은 방법으로서의 의미를 강조하는 데 그치는 경향이 강하며, 실제 수업에서 꾸준히 재현되는 내러티브의 양상과 관련한 연구는 매우 부족하다.

수업을 하나의 이야기로 본다는 것은 수업의 소재로서의 이야기를 벗어나서 수업을 하나의 내러티브 과정이자 그 결과물로 본다는 의미이다. 수업이야기란 수업을 구성하는 교사의 이야기는 물론 교사와 학생 간의 이야기, 그리고 그와 관련한 새로운 담론 모두를 의미한다. 수업은 그것이 교사중심, 혹은 학생중심 그 어떠한 것인가에 관계없이 이야기를 만들어 간다. 수업이야기에는 수업의 자료 구실을 하는 이야기도 있으며, 그 이야기를 둘러싼 담론도 있다. 수업에 함의된 이러한 내러티브는 결국 수업의 목적과 유기적으로 관련된 새로운 내러티브를 만들어 가는 과정인 것이다.

사회과 수업은 사회(세계)에서 살아가는 인간의 삶과 밀접하다. 세계 내 인간의 삶을 이야기로 담아내는 사회과 수업은 현대 사회를 살아가는 학습자들이 타자와의 관계 속에서 자신의 삶을 어떻게 인식하고 보다 바람직한 삶을 살기 위해 어떻게 해야 하는가를 이해하는 내러티브적 속성을 갖는다. 사회과 수업의 내러티브적 양상을 탐색하고 연구하는 일은 교실 속 교사와 학생이 무엇을 어떻게 왜 이야기하고자 하는가를 중심으로 사회과교육의 현실을 확인하는 일이며, 바람직한 사회과 수업의 방향을 구안하는 기초 자료를 제공하는 일이다. 본 장에서는 사회과 수업에서 내러티브가 실제 어떤 양상으로 전개되고 있는지를 파악하고 그 의미를 밝히려 한다. 이를 통하여 내러티브적 사회과 수업의 의미와 그러한 수업이 지닌 사회과교육에서의 가치와 새로운 방향 모색에 도움을 주고자 한다.

2. 사회과 수업과 내러티브의 관계

사회과교육은 사회 현상에 대한 올바른 인식과 그에 따른 바람직한 사고와 행위를 갖춘 시민을 양성하는 목적 교과이다. 즉 사회현상에 대한 이해에 기초하여 자신의 삶과 세계와의 관계를 끊임없이 확인하는 사고와 실천의 교과인 것이다. 한편 내러티브는 인간과 세계를 둘러싼 다양한 현상을 이해하고 그 구조를 밝히고자 하는 사고 양식이자 그 결과이다. 이것은 인간의 이야기 욕구를 통하여 인간의 사고와 행위를 묘사하고 전수하는 역사성을 갖는 것이다. 인간은 이야기를 통하여 세계를 만나며, 타자와 공감하고 소통하는 공동체적 시민으로서의 자질을 갖추어간다. 사회과교육의 성격과 내러티브의 본질에 의하면, 사회과 수업에서의 내러티브는 단순히 수업의 내용이나 방법이라기보다는 내용과 방법의 유기적 관계에 있으며, 이것은 교사와 학생의 소통과정을 동반한다. 여기서는 사회현상과 내러티브, 의사소통과 내러티브, 그리고 시민적 자질과 내러티브의 관계에 대한 이해를 돕고자 하였다. 이러한 세 가지 차원의 내러티브는 결코 수업에서 분리될 수 없다.

가. 사회 현상에 대한 이해와 내러티브

본래 내러티브는 말이나 글 등으로 표현된 이야기와 그것을 화자와 청자가 감정이나 느낌을 담아 이끌어가는 담론 형식, 그리고 그로부터 생성된 결과로서의 이야기를 포괄한다(홍미화, 2013b, 161).[16] 내러티브란 이야기를 하고 있는 시점 이전에 있었던 실제 또는 허구의 행위나 사건을 담화형식의 형태로 재구성한 것이다(박용익,

2006, 145). 이때 행위나 사건을 텍스트 형식으로 재현한 이야기는 과거와 현재, 혹은 미래의 세계와 관계되는 가상의 이야기 혹은 체험적 이야기라 할 수 있다. 그런데 이때 가상의 이야기는 주로 시간적 흐름의 경계에서 과거의 사실을 추론하는 것임과 달리 체험적 이야기는 주변 현상의 이야기나 자전적 체험으로 현재의 사회 현상을 알리고 담론화하는 과정이다. 사회과 수업에서 활용되는 이야기는 이 모두를 포괄하고 있으며, 개인의 감정과 관점이 투사된 상호주관성을 지닌다. 그럼에도 불구하고 지금까지 수업에서의 내러티브는 기존의 서사학과 유사하게 연구되거나 허구의 이야기를 상정하여 이해되고 있다(박용익, 2006, 144). 사회과교육의 연구 대상인 사회현상과 관련한 이야기들은 수업에서 어떻게 활용되는가에 따라 그 의미가 다르다. 사회과교육에서의 내러티브는 사회 현상을 허구적으로 이미지화한 문학적 이야기를 소재로 활용하는 것은 물론, 실제 사회 현상을 반영하는 일상적인 경험을 포함한다. 또한, 실제 경험 혹은 체험적 이야기라 할지라도 이야기되는 순간 완전한 객관적 사실에서 벗어나게 되는데, 이는 사실에 대한 개인의 주관적 해석을 거치기 때문이다.

사회과 수업에서의 내러티브는 사실과 허구의 이야기를 자신의 주관적 이해에 따라 새롭게 만들고 담론화함과 동시에 사회 현상에 대한 기존의 시각과 달라진 지식으로 구현된다. 즉 수업을 통하여 사회를 이야기하고 그 결과 새로운 이야기를 만들고 소통하는 과정을 지속하는 것이다. 이것은 곧 브루너가 언급한 내러티브직 사고를 의미하는바, 지식을 발견하고 검증하는 사고 양식과 달리 사실적 혹은 허구적 이야기를 토대로 학생 각자의 교육적 경험을 이야기함으로써 생성되는 자연스러운 사고 양식이다. 사회과 수업에는 사회 현상을 인식하도록 도와주는 많은 텍스트와 사진 등의 이야기 자료와 더불이, 그 자료를 해석하여 이해하고자 노력하는 교사와 학생의 담론, 그리고 이를 지속적으로 사고하는 과정이 담겨 있다. 사회과 수업은 사회 현상을 담은 내러티브 자료를 토대로 자신과 사회를 새롭게 이해하는 내러티브 과정이다.

나. 사회적 소통과 관계를 지향하는 내러티브

내러티브란 화자와 청자의 상호 소통의 행위이다. 그런데 화자에 의하여 이야기된 경험은 단순한 개인의 이야기가 아니다. 그 전달의 과정에는 다른 사람의 판단 능력과 감정이입을 서사적으로 표현하는 방법과 과정이 개입되어 있고, 이는 이미 그 이야기가 사회화된 이야기임을 말한다. 화자의 경험이 이야기되는 순간 청자가 듣는 이야기는 그 사회의 문화와 관습, 타자에 대한 보편적 배려 등을 전제한 것이다. 이 과정은 오랫동안 이야기가 인간의 원초적이고 보편적이며 널리 수행되는 의사소통의 유형으로서, 화자와 청자의 소통과 관계 맺음에 기여했음을 말한다.

사회과교육의 내용으로서의 내러티브란 사회 현상을 담고 있는 이야기와 그 이야기의 소통을 통하여 생성되거나 전달된 지식과 사고이다. 시대의 현상을 담고 있는 사례나 이야기들은 지역과 사회의 발전을 이해하는 내러티브적 소재 혹은 자료로서 사회 현상을 내포한 지식이며, 이러한 지식을 이야기하는 일은 학생과 교사, 학생과 학생 간의 의사소통을 통한 사고의 과정을 동반한다. 사회과 수업에서 이야기를 듣고 비판적으로 사고하며 타자에게 표현하는 것은 사회과교육의 방법이자 내용으로서의 내러티브 모두에 해당한다.

한편 사회과교육에서의 내러티브는 학습의 내용을 시간적 흐름에 따라 다양한 소통의 방법으로 풀어가는 수업의 구조로 기능한다.[17] 사회과 수업의 구조로서의 내러티브란 사회과의 내용과 방법을 어떤 순서에 의하여 어떻게 수업으로 구성하는가와 관계되는 수업의 총체성을 의미한다. 학생의 활동은 교사가 의도하는 수업의 목표를 위한 내용과 방법을 가리키는데, 이것이 일련의 활동으로 조직되어 수업의 흐름을 갖추는 것, 즉 이야기와 경험을 의미 있는 내용으로 조직하여 수업의 목적에 부합하도록 유도하는 일 등은 내러티브적 구조에 해당한다. 교사의 수업은 '학생에게 사회 현상을 어떻게 이해시킬 것인가'라는 고민에서 출발한다. 그러한 고민에 대한 명료하고 분명한 정답은 없지만, 교사는 이를 해결하기 위하여 자신만의 수업 이야기를 구성하게 된다. 사회과 수업의 구조로서의 내러티브란 수업에서의 내용과 방법의 관계 맺기와 그 유기적 흐름에 해당한다.

사회과 수업은 학생들의 사회 인식 과정을 담고 있다. 학생들이 사회를 인식하는 과정은 곧 세계 내 존재로서의 자신을 형성하는 과정과 별개가 아니다. 사회과 수업은 교사와 학생의 소통을 통하여 학생 스스로 자신이 어떤 존재이며, 우리의 현재가 어떠한지, 왜 그렇게 되었는지에 대한 자기 이해를 동반하는 과정이다.

다. 바람직한 시민 되기와 내러티브

그동안 사회과교육의 목적으로서의 민주시민은 개인보다는 공공, 우연보다는 필연, 공감보다는 검증을 중시하는 합리적인 인간을 상정해 왔다. 사회과교육은 과학적이고 합리적인 사고를 갖춘 시민을 곧 바람직한 시민으로 인정하였고 이에 따라 비판적 시각과 사회과학적 지식의 중요성을 강조해 왔다. 그러나 사회과교육의 목적으로서의 민주시민은 사회 현상을 비판적으로 사고하는 인간을 넘어서서, 타자에 대한 공감과 배려를 갖춘 인간, 자신의 생각을 성찰하고 표현하며 사회의 개선에 참여하는 인간을 의미한다. 이러한 민주시민은 세계 내 존재로서의 자기 인식, 즉 개인의 경험이 타자와 소통될 때 가능하다. 개인의 이야기가 배제된 사회적 삶은 본래 존재하지 않기 때문이다. 개인의 이야기에 대한 공감이 배제된 채 강제적이고 탈 맥락적인 원리와 이론을 강조하는 사회과교육은 바람직한 시민적 삶을 이야기하기 어렵다. 개인의 경험과 가치를 상호 존중하고 공감하는 삶은 각자의 내러티브를 생성하고 표현하며, 타자의 삶을 내러티브적으로 사고할 수 있는 삶이다.

개인의 일상이 사회과 수업에서 이야기되고 소통될 때 인간이라는 존재의 가치와 그로 인한 보편적인 사회 현상이 바르게 이해된다. 내러티브를 인정하는 사회과 수업은 세계에 대한 인식과 타자의 삶을 이해하는 일에 적극적이다. 사회과교육의 목적으로서의 민주시민의 개념에는 인간에 대한 이해를 전제한 내러티브적 인간이 존재한다. 학생과 교사는 구체적인 사례와 이야기로부터 사회 현상과 문제를 인식할 수 있고, 다양한 담론과 사고 과정을 거쳐 이를 해결하고자 하며, 그것을 통하여 자기 지식을 만들어가는 내러티브적 인간으로 성장한다. 구체적 상황 속에 위치한 개인의 이야기를 듣고 그것을 함께 이야기하며, 그 사람의 삶을 이해하고 문제를 공감하며 대안을 찾고 문제를 해결하고자 하는 사람은 분명 사회과교육을 통해 길러야 할 좋은 시민의 상이다. 사회과교육을 받은 사람은 내러티브적 사고를 갖춘 시민이라고 할 수 있다.

3. 사회과 지리수업 사례에서의 내러티브 양상

가. 사회과 지리수업 사례 안내

이 절에서는 초등교사의 사회과 수업을 관찰·분석하고 그 결과를 중심으로 사회과 수업에서의 내러티브 양상을 확인하기로 한다. 특정 교사의 수업 사례를 중심으로 하는 연구란 그 초점이 일상적 생활(everyday life)에서 발생하는 현상에 있으며, 이는 연구자가 수업의 상황이나 사건을 통제할 수 없음을 의미한다(Merriam, 1988, 30). 여기서는 초등교사의 사회과 수업 현상에 초점을 두고 수업 전반에 드러나는 내러티브 양상을 파악하기 위하여 해당 교사의 사회과 수업을 관찰, 녹화, 녹취하고 인터뷰도 병행하였다. 이와 함께 교사의 교수학습과정안, 학습 활동지 등 수업 텍스트와 수업 전사 자료 등을 수집하고 분석하여 해당 교사가 사회과 수업에서 생성하는 내러티브의 의미를 탐색하는데 참고하였다.

본 글에서 사회과 수업을 제공한 김 교사는 교육대학교를 졸업하고, 대학원에서 초등 사회과교육을 전공한 교직경력 12년 차 교사이며 수업개선연구교사와 교과서 집필 등 사회과교육과 관련한 전문적 경험을 갖춘 교사이다. 그녀는 신규교사 시기부터 수업 방법에 관심이 많았고, 연구수업과 공개수업 등의 수업 경험을 쌓으며 자신이 추구하는 좋은 사회과 수업의 방향을 찾고자 꾸준히 노력해 온 교사이다. 그녀는 사회과교육이 사회를 바라보는 교사의 신념과 가치에 의하여 무한히 달라진다는 점에 주목하고 있으며, 좋은 사회과 수업이란 사회 현상에 대한 지적 목표의 도달이라기보다는 학생 스스로 문제를 고민하고 의견을 개진하며 해결안을 제시하는 능동적 수업이라고 생각한다. 이 절에서는 김 교사가 6학년 ○반을 대상으로 실시한 사회과 수업 중 6학년 2학기 2단원 2주제와 3주제, 총 7차시 분량의 사회과 수업을 분석 대상으로 하였다.

실제로 수업참관이 이루어지기 전, 김 교사는 단원도입 차시에서 2단원 각 주제에 대한 학생의 호기심을 파악하였으며, 이를 중심으로 〈표 2-1-1〉과 같이 차시 수업을 설계하였다. 이는 김 교사의 이 글에 나타난 수업 전체를 이해하는 기초 자

료이다.[18]

<표 3-1> 해당 사회과 수업(6학년 2학기 세계 단원 일부) 주제와 내용

주제	차시	학습주제	탐구문제	세부 활동 내용
2) 육지가 넓고 인구가 많은 북반구	8	아시아 관련 탐구	화폐에 담긴 뜻	아시아 10개국의 화폐를 통한 인문환경과 자연환경 탐색
	9	아시아의 자연환경과 인문환경 살펴보기		화폐분석을 중심으로 비슷한 아시아문화권을 묶어서 자연환경과 인문환경 살펴보기
	10	북아메리카 탐구	북아메리카에 대한 고정관념	북아메리카에 대한 고정관념을 찾아 검증해보기'과연 그런가?', 왜 그럴까?' 고민하기
	11	북아메리카의 자연환경과 인문환경 살펴보기		분석내용을 중심으로 자연환경과 인문환경 살펴보기
	12	북극권 탐구		'북극의 눈물' 영상을 중심으로 생각 나누기
3) 바다가 넓고 자원이 풍부한 남반구	13	남아메리카 탐구	잉카유적지에 담긴 뜻	잉카문명의 유적지를 사진과 동영상으로 살펴보고 그들의 역사와 문화 찾기
	14	남아메리카의 자연환경과 인문환경 살펴보기		분석내용을 중심으로 남미의 자연환경과 인문환경 살펴보기

나. 수업의 소재로의 내러티브: 세계에 대한 호기심과 문제 발견을 위한 자료

김 교사는 세계 관련 수업에서 〈표 2-1-2〉와 같은 자료를 활용하였다. 김 교사의 수업에 등장하는 이야기 자료는 크게 두 가지 유형으로, '북극의 눈물'이나 '아마존의 눈물'과 같은 방송용 영상자료와 수업에서 학생 각자의 흥미와 관심에 따라 조사한 개인별 이야기 조사자료이다. 두 유형은 모두 학생 개인의 호기심과 관련되어 있는데, 전자는 호기심을 유발하는 교사용 자료, 후자는 문제를 찾고 해결하고자 하는 학생 자료이다. 두 가지 유형의 자료 모두 수업에서 배워야 할 주요 내용이라기보다는 세계를 이해하는 소재, 즉 일련의 보조 자료이다.

〈표 2-1-2〉 김 교사가 활용한 이야기 자료

수업명	아시아수업	북아메리카 수업 1, 2	북극권	남아메리카 수업 1, 2, 3
이야기 자료명	화폐 속 인물 화폐 속 문자 화폐 속 자연	콜럼버스의 신대륙발견과 인디오 지도 속 여행 미국의 경제, 군사, 알래스카 핵, 그리고 민족 갈등 나사 나프타	북극의 눈물	친구가 사는 에콰도르 마추픽추 잉카문명의 미스터리 미라 잉카문화 스페인칼 잉카몰락과 천연두 아마존의 눈물

수업에서 김 교사가 제시한 영상과 사진, 화폐 등에 담긴 이야기들은 학생의 호기심과 의문을 토대로 새로운 호기심을 생성하였으며, 학생들은 이를 해결하기 위하여 조사와 발표 활동을 수행하였다.

교사 : 태섭이는 뭐가 궁금하니?

태섭 : 지폐의 재질이요.

교사 : 재질.. 왜 질이 다를까?

교사 : 태균이는? 뭐가 궁금해?

태균 : 지요? 인도네시아의 정치방식이요.

교사 : 정치 방식? 우리가 아까 군주제일까 아닐까 생각했던 정치방식. 멋지네요.

교사 : 수현이는?

수현 : 아시아에서는 두세 개의 문자만 사용하는 줄 알았는데, 여러 개의 문자가 있다는 점을 알게 되었어요..

교사 : 아, 여러 문자를 사용하는 것 같았다.

교사 : 희환이는? 뭘 알게 됐니?

희환 : 그.. 똑같이 아시아에 사는데도 문자나 위인, 식물 등이 많이 다른 점을 알게 되었어요.............. (이하생략)

— 아시아수업 1 전사자료 중

　이야기 자료는 수업의 목표, 즉 세계 각 대륙의 자연환경과 인문환경의 특징이라는 보편적 이해보다는 교사와 학생이 사전에 합의한 대륙별 중심주제와 그 이미지 자료를 중심으로 제시된다. 이때 교사가 제시한 자료는 학습 내용을 잘 이해하기 위한 수업 소재로서의 내러티브 자료로, 학생들은 이 자료를 통하여 새로운 사실에 대한 호기심과 상상력이 유발된다. 이는 자료 자체가 서사적 특성을 갖추었다기보다는 자료를 토대로 교사와 학생의 상상적 대화가 있었기 때문에 가능하다. 교사의 내러티브 소재로서의 자료는 그 자체로 가치가 있다기보다는 학생들의 호기심에 기초하여 새로운 수업이야기가 만들어지도록 돕는다는 점에서 의미가 있다. 김 교사의 사회과 수업에서의 이야기자료는 문제를 해결하는 수단이라기보다는 문제를 발견하도록 돕는 도구(Bruner, 2010, 38)로 기능하고 있다.

　두 번째는 학생들이 세계에 대한 새로운 관심을 가지고 자발적으로 관련 내용을 조사하고 발표한 내러티브적 자료이다. 이 또한 수업의 핵심내용이라기보다 핵심내용을 이해하기 위한 맥락적 자료라고 할 수 있다. 아래는 학생들 각각이 조사한 잉카제국 관련 이야기이다.

상희 : 아주 먼 옛날, 세상은 어둠에 묻혀 있었는데.. 콘티키 신이 세상을 밝게 비추기 위해 인티(태양)와 달과 별들을 창조했다. 잉카는 바로 콘티키가 만든 해의 자손이다. 콘티키는 커다란 바위들을 가지고 인간을 더 만들었다. 그 가운데는 이미 아이를 잉태하고 있는 여자들도 있었다. 콘티키는 이 사람들을 세상 곳곳으로 떠나보냈다. 세상의 중심인 쿠스코에는 남자와 여자 한 쌍만 남겨 두었다. 이들은 태양신의 아들과 딸이었다. 콘티키는 그들에게 긴 지팡이를 주어 티티카카호수의 한 섬에 내려준 다음, 그 근처에 지팡이가 박히는 곳에 나라를 세우라고 하였다. 이 남매는 여러 날의 고생 끝에 긴 지팡이가 깊숙이 꽂히는 곳을 발견하였는데 이곳이 지구의 배꼽인 '쿠스코'이며 여기 세운 나라가 잉카제국이고, 동서남북 사방을 지배한다는 뜻의 다른 이름도 가지고 있다. 이 신화는 잉카인들이 태양의 신의 후손임을 강조하고 있다.

희수 : 아르헨티나에서 잉카의 한 소녀 미라가 발견되었다는 기사가 있었는데.. 그 소녀는 아르헨티나의 안데스산맥 북서쪽의 해발 2700미터 화산 정상에서 발견되었다. 500년 된 그 소녀의 얼굴은 잔인하게 죽음을 당했는데도 평화로워 보였다. 잉카인들은 소녀에게 술을 먹이고 추위 속에서 소녀가 감각을 잃자 천으로 몸을 감쌌다. 그런 후 소녀는 산 채로 매장되었다. 어린 소녀의 미라는 지금까지 발견된 어떤 미라보다 보존 상태가 가장 좋다. 추위와 희박한 산소 때문에 자연적으로 미라가 되었다. ....(중략) 얼굴을 알아볼 수 있는 이 소녀는 14살 정도로 추정되며 생김새는 오늘날 아이들과 비슷하다.

-남아메리카수업 2 전사자료 중

학생들은 김 교사와의 대화에서 제기된 쿠스코나 미라, 칼 등과 같은 소재에 관심을 가지고 위와 같은 내용을 이야기하였다. 학생들의 이야기는 호기심에 대한 해답을 찾아가는 과정이지만, 정답은 결코 한 가지로 정리되지 않는다. 사회과 수업에서의 이야기자료는 그 자체가 서사적 구조를 갖춘 흥미로운 내러티브일 수도 있지만, 또 다른 내러티브를 유도하는 소재가 될 수도 있다. 해당 교사의 수업에 나타난 두 유형의 이야기는 세계에 대한 관심을 유도하고 탐구를 자극하며 소통을 활발하게 한다. 그녀의 사회과 수업은 다양한 이야기자료가 활용되었다기보다는 학습 동인이 될 만한 대표적 소재로서의 자료와 이를 통한 교사와 학생의 가설 생성적 담화, 그리고 자신의 호기심을 해결하기 위한 학생의 조사자료가 중심이다.

그러나 김 교사의 수업 소재로서의 이야기는 '세계'에 대한 다양한 시선보다는 한 가지 현상에 대한 탐구에 집중하게 함으로써, 세계를 총체적으로 이해하는 방향과 연계되지는 못하였다. 수업의 동인으로 작동하는 김 교사의 이야기자료는 그 자체에 대한 탐구에서 출발하여 학생의 자료 탐구를 유도한다.

다. 사회과 수업 구조로서의 내러티브: 교사와 학생의 담화과정

구조란 하나하나의 총합을 의미하는 것이 아니라 구조를 이루는 요소들이 유기적으로 관련을 맺고 있음을 의미한다(Piaget, 1970, 19). 구조는 사물이나 현상을 보는 형식이지만 어떤 관점에서는 내용으로 보이기도 하며, 고정된 형태가 아니라 요소의 변화에 따라 변형이 가능하다. 내러티브의 기본 구조는 '이것이 일어나고 그다음 그것이 일어난다'와 같은 시간과 관계된다. 즉 시간에 따라 사건이나 현상이 배열되는 구조를 일컫는다. 또한, 내러티브 구조는 내용의 순서와 함께 그 내용이 왜 그 순간 일어나는가의 맥락이 중요하다. 따라서 수업의 구조로서의 내러티브란[19] 수업 내용과 방법이 교사와 학생에 의하여 어떻게 구성되고 표현되는가를 시간적 배열에 따라 확인 가능한 형식으로 수업의 내용과 방법 간의 유기적 관련성과 전체적 패턴을 찾는 것이다. 여기서는 김 교사의 수업에 나타난 내러티브가 어떠한 구조적 특성으로 갖는지를 분석, 제시하였다. 김 교사가 사전에 계획한 수업의 흐름은 〈표 2-1-3〉과 같다.

〈표 2-1-3〉 김 교사의 사회과 수업 설계안

중심 주제	수업에 대한 사전 계획	관련 자료
아시아의 자연환경과 인문환경 1	• 아시아의 화폐는 어떤 것일까? • 화폐에서 아시아의 자연환경과 인문환경적 특징 찾기 • 각 모둠에 제시된 나라의 화폐를 분석해요 • 과연 분석 내용이 맞을까? • 해당 지폐의 의미를 과제로 조사해 오기	화폐 지도
북아메리카의자연환경과 인문환경 1	• 아시아는 ( )이다. • 북아메리카하면 떠오르는 생각 정리 • 북아메리카의 지리적 위치 찾기 • 미국은 정말 강할까? • 강함에 대한 생각 정리하기 • 가설과 검증시간 갖기 • 북아메리카의 다른 나라 조사해 오기	구글 지도
북아메리카의 자연환경과 인문환경 2	• 북아메리카의 나라 말하기 • 북아메리카의 지형 찾기 • 북아메리카의 기후 말하기 • 지도와 사진 보고 북아메리카 지형 확인하기 • 미국이 강한 이유 찾기 • 미국의 인구와 국민총생산, 미국의 민족과 인종 알기 • 캐나다와 멕시코의 산업과 자원 • 미국, 캐나다, 멕시코의 경제공동체 • 북아메리카는 ( )이다 정리	구글 지도 사진
북극권 탐구	• 북극의 눈물 예고편 보면서 상황 떠올리기 • 북극의 원주민과 언어 탐구 • 지도와 지구본으로 보는 북극의 위치 • 북극곰의 생활과 자연환경의 변화 • 북극권의 자연환경 특징	동영상자료 지도 지구본

남아메리카의 자연환경과 인문환경 1	• 북반구대륙의 특징 생각해 보고 남반구 떠올리기 • 남아메리카하면 떠오르는 것 확인 • 이민간 친구 현빈이의 주변 환경 사진 보기 • 에쿠아도르의 지리적 위치, 지형과 기후 살피기 • 안데스산지의 마추픽추 만나기 • 잉카의 뜻과 잉카문명 살피기 • 잉카유물 보고 가설 쓰고 조사해 오기	친구의 사진 구글어스 뉴스동영상(미라) 팬플롯연주곡
남아메리카의 자연환경과 인문환경 2. 3	• 잉카문명 느낌 나누기 • 잉카유물에 대한 가설 검증 진행 • 동영상 보고 아마존의 쟁점 확인 • 아마존 쟁점에 대한 생각 정리하기 • 남아메리카 정리하기	페루의 전통음악 지식채널 e영상

수업계획안은 각각의 수업에서 벗어나 김 교사의 세계 관련 수업 전체를 연계하여 볼 수 있는 틀을 제공함과 동시에 각 수업의 내용과 방법을 확인하는 데에도 도움을 준다. 김 교사는 수업모형에 따른 수업보다는 질문과 예상, 조사와 발표를 순환하는 과정으로 계획하였음을 알 수 있다.

(1) 수업 내용의 구조 : 전체에서 부분으로, 확인에서 확장으로

김 교사가 세계 관련 수업을 위하여 활용한 대표적인 소재나 개념 및 사실적 지식을 시간 순서대로 정리하면 〈표 2-1-4〉와 같다.

〈표 2-1-4〉 해당 수업에 활용한 주요 소재 및 개념의 흐름

구분	아시아 1	북아메리카 1	북아메리카 2	북극권	남아메리카 1	남아메리카 2-3
수업에 등장한 주요 소재와 개념의 흐름	아시아인	아시아 특징	북아메리카 국가	북극권위치	아시아 특징	남아메리카 악기와 음악
	아시아 문자	북아메리카 나라	북아메리카 지형	이누이트	유럽 특징	잉카문명
	아시아 화폐	미국	북아메리카 기후	북극의 환경	북아메리카 특징	잉카유물
	아시아의 자연과 문화	캐나다	북아메리카 주변 바다	북극의 환경오염	북극권 특징	잉카의 문자
	아시아 기후	알래스카	대평원과 호수	북극의 생활	남반구 나라	태양신
	화폐의 재질	멕시코	미국의 경제력과 군사력	북극의 문화	에콰도르	신화
	아시아 국가	인디언	알래스카의 자원	그린란드	에콰도르 지형과 기후 특징	미라
		북아메리카 위치	미국의 과학기술	북극의 자연 환경	에콰도르 학교 문화 특징	잉카 역사
		북아메리카 지형	미국의 경제 성장근거	백야현상	남아메리카 나라	잉카 인구
		북아메리카 기후	미국의 인구	툰드라	남아메리카 주변 바다	남아메리카 미스터리
		미국 개관	세계의 국민총생산과 미국	개썰매	남아메리카 지형	스페인의 침략
			핵보유국	유전	적도	아마존의 자연
			민족갈등, 차별	다산과학 기지	아마존 강과 산맥	무차별 환경 파괴
			나사		만년설과 고원	브라질 벌목
			인디오		안데스 산맥과 평원	아마존 부족
			캐나다		남아메리카기후	인권
			멕시코		마추픽추	개발과 보존
			경제공농체		잉카문명	
			북아메리카 특징		미라	
					잉카의 역사	
					잉카의 유물	
					문화재	

김 교사의 수업에 나타난 세계 관련 소재 혹은 내용은 지식의 위계나 경험의 확산 등 기존의 수업이론과 같이 진행되지 않는다. 지식의 확장은 개념의 상·하위가 아니라, 자료에 대한 학생의 호기심에 따라 시도되며, 이로 인해 실제 수업에서 다루는 '세계'는 매우 구체적이기도 하고 광범위하기도 하다.

예를 들어 남아메리카 대륙에서는 '잉카의 페루'와 '현빈의 에콰도르'가 탐구의 소재이다. 남아메리카 수업은 고대 문명의 역사에서 접근하지만, 북아메리카 수업은 자원과 경제력을 중심으로 접근한다. 이러한 내용의 전개는 교과서 중심에서 벗어나 학생의 궁금증을 중심으로 구성되었기 때문이다. 잉카에 대한 궁금증은 잉카와 관련한 또 다른 문제를 발견하게 만든다. 수업은 각자의 구체적인 조사를 요구하게 되고 이를 해결하기 위하여 새로운 지식을 스스로 찾게 된다. 이러한 수업 내용의 배열은 교육과정에 제시된 것처럼 남아메리카라는 공적 공간에 대한 인문환경과 자연환경의 보편적 특징을 체계화하지 못한다. 학생들은 남아메리카 특정 지역의 역사와 유물, 문화에 관심을 둔다.

이러한 방식의 내용 전개는 다른 차시의 수업에도 유사하게 나타나는 현상이다. 그러나 이러한 현상을 두고 김 교사의 사회 수업이 세계의 자연환경과 인문환경에 대한 이해를 가져오지 못한 것으로 보기는 어렵다. 거대한 공간을 이해하는 기본전제 또한 특수한 세계에 대한 궁금증이기 때문이다. 따라서 사회과 수업에서 제기된 사실적 내용이 많다고 하여 교사가 사실과 정보를 강조하는 일방적인 수업이라고 폄하하기는 어렵다. 많은 사실은 교사와 학생의 담론과 수업방식에 따라 특별히 도출되거나 사라지기도 하는 것이다. 김 교사는 '세계'를 가르치기 위하여 대륙의 국가와 지형 등을 전체적으로 이해하는 단계에서 특정 국가와 문화에 근접하는 단계로 수업을 전개한다. 학생들은 특정 사실에 대한 의문을 조사하여 확인하지만 새로운 사실에 또 다른 의문을 갖는다. 김 교사의 수업은 대륙이라는 거대공간의 보편적 특성에 접근하기보다는 학생의 호기심과 그 발표에 따라가며 새로운 내용에 관심을 갖도록 하는 방식이다.

(2) 수업 방법의 구조: 가설 생성의 순환

김 교사의 수업은 교사 중심의 설명식 수업방식이라고 하기 어렵다. 왜냐하면 수업의 주된 흐름이 학생의 호기심 자극과 궁금증 유도, 그리고 이것을 탐구하는 과정으로 이루어지고 있기 때문이다. 그녀는 학생의 생각을 존중하고 쟁점을 만들며 새로운 사실을 알아내도록 유도한다. 또한, 알아낸 사실에 대한 새로운 생각을 함께 정리하도록 유도하고, 은유의 방법을 사용하며 각 대륙에 대한 학생 각자의 이야기를 듣는다. 이러한 수업방식의 중심에는 교사와 학생의 대화(발문과 대답)가 위치한다.[20]

교사 : 자, 그럼 우리 한 번 궁금한 것을 얘기해 볼까?

정인 : 미라가 어떻게 발견되었을까?

교사 : 어, 이 **미라**가 어떻게 발견되었을까? 또? 예원이?

예원 : 왜 박물관에는 미라가 있을까?

교사 : 어. 미라에 대해서 많이 궁금해 하는군요? 휘수?............. (중략)

운현 : 어. 그, **시판왕**이 누구일까?

교사 : 시판왕이 누구일까? 일단은.. 왕이죠? 그 다음, 현수?

현수 : **잉카문명**은 신을 믿었을까?

교사 : 아.. 신을 믿었을까? 태섭이?

태섭 : 첫 번째 마추픽추 사람은 어떤 이유로 저런 **유물**을 만들었을까. 두 번째

잉카문명은 **자원**이 풍부했을 것 같습니다.

교사 : 자원이 풍부했을 거 같다.. 왜?

태섭 : 그.. 장식품들이 금도 많고, 화려한 작품이 많아서..

교사 : 아.. 장식품에 금이 많아서? 자원이 풍부했을 것이다. 예지? …………

(중략)

채현 : 잉카문명에서는 부자였던 것 같습니다..

교사 : 부자였던 것 같다고? 왜?

채현 : 그 유물 중에서도 **사냥**기술에서도……

교사 : 화려해서요. 또? 금도 있었던 것 같고? 용선이?

용선 : 잉카문명에는 **어떤 사람**들이 살았나?

교사 : 어떤 사람들이 살았는지 그게 궁금해졌어요? 희환이?

희환 : 미라가 된 사람들은 제물로 바쳐진 사람들인 것 같습니다.

교사 : 제물? 왜 그렇게 생각했어요?

희환 : 신이 노여워하면 죽어서 바치는 거보다 산 사람을 바치는 거를 더 좋아할 것 같다고 생각해서요.

교사 : 어, 그럼 그 사람들은 죽어서 미라가 된 게 아니라, 살아있었는데 미라로 만든 거예요?

교사 : 죽였단 얘기네요? 어.. 무시무시합니다. 혜림이?…………(중략)

은솔 : 아까, **태양의 아들 잉카**라고 했는데, 높은 산에 마추픽추가 있는 게 태양을 중요시하고 태양 가까이 있으면 축복을 받는다는 그런 것을 표현한 것 같습니다.

교사 : 그래서 태양의 아들 잉카라고 했기 때문에, 태양 가까이에 있기 위해서 높은 산에 지은 것 같다. 어, 좋은 가설이네요. 또? 수현이?

수현 : 잉카문명 사람들은 왜 집만 남기고 **사라졌을까**?

교사 : 어, 왜 집만 남기고 사라졌을까? 정인이 또 있어요? …………(중략)

교사 : 여러분들의 질문이나 또는 궁금증을 들어 보니까 미라에 대한 질문이 많네요? (칠판에 '미라'라고 적으며) 미라.. 그 다음에 또? 어.. (칠판에 '금'을 적으

며) 금에 대한 얘기도 되게 많이 나왔던 것 같은데? 그치? 금에 대한 얘기..

아동들 : 복장. ....(중략)

교사 : 그러면 우리 하나씩 한번 살펴보면서 같이 얘기를 해보자.

-남아메리카수업 2 전사자료 중

위의 대화에서 김 교사는 수렴적 질문보다는 확산적 질문을 자주 사용하고 학생의 질문에 바로 답을 하기보다는 학생의 질문을 되묻거나, 혹은 문제의식에 호응한다. 이러한 방식은 세계에 대한 호기심과 상상력을 확산시키고, 학생 각자의 상상과 문제의식을 유도하며 그에 따른 가설 생성을 격려하고 새로운 사실을 확인하려는 탐구심을 발현시킨다. 교사의 이러한 수업방식은 자료에 대한 새로운 질문, 그 질문에 대한 학생의 가설, 가설에 따른 또 다른 내용의 조사로 이어지는 형태이다. 교사의 호응과 질문은 학생의 과제를 다양화하며, 과제를 조사하고 발표하며 경청하는 과정으로 이어진다.

탐구학습모형을 적용한 일반적인 사회과 수업은 일반화 지식에 도달하기 위하여 가설을 정교화하고 그에 요구되는 자료를 수집하고 검증하는 형태이다. 모든 학생은 주어진 가설을 검증하기 위하여 합리적으로 사고해야 한다. 학생들은 정교한 가설을 벗어난 개인의 의심과 호기심을 배제당한다. 이 같은 수업에서는 정해진 주제에 대하여 학생의 관심이 사라지면 그 이상 궁금증을 갖기 어렵다. 수업의 맥락에 따른 교사와 학생의 우연한 궁금증과 상상적 이야기는 사라지며, 탐구는 무기력해진다. 이와 달리 김 교사의 수업방식은 학습자의 호기심을 중심으로 탐구를 시도한다. 세계에 대한 무한한 호기심이 대화에 적극 참여하노록 하고 있으며, 대화를 통하여 학생들은 발견에 대한 새로운 에너지를 느낀다. 김 교사의 사회과 수업에 나타나는 공동된 흐름은 아래와 같다.

관련 내용의 **선행지식** 확인-자료 제시 후 **호기심과 의문** 자극하기-의문에 따른 **질의와 응답**, 호응-의문내용에 대한 **가설정리**, 발표-발표한 내용을 토대로 호응과 질문으로 가설 정교화유도-관련 내용 조사 권유-**조사 내용 발표** 유도, 교사의 **보충과 반문** 및 설명에 따른 수업 방향 전환-발표 내용에 따른 **새로운 의문** 제기-전체 수업 내용 정리 및 은유적 마무리 유도, 새로운 조사과제유도.......
(새로운 수업내용에 대한 선행지식 확인으로 재순환)

이러한 수업과정은 도입과 전개 및 정리라는 단순한 수업의 절차와 단계로 이해되지 않는다. 그것은 학생의 선행지식을 확인하고 새로운 주제에 대한 의문과 공감을 거쳐 다양한 가설을 생성하며 이를 탐색하고 조사하여 발표하는 과정을 통하여 새로운 사실을 확인하고 또 다른 사실에 대한 궁금증을 갖게 되는 일련의 내러티브적 구조이다. 교사와 학생의 대화는 수업 활동의 전후 과정을 연결하는 방식이며 이를 통하여 학생은 끊임없는 호기심과 가설을 생성한다. 김 교사의 사회과 수업은 학생과의 대화를 중심으로 호기심과 가설을 꾸준히 생성, 유지하는 내러티브적 구조를 갖추고 있는 것이다.

(3) 수업 활동의 구조: 세계에 대한 의문에서 세계에 대한 탐구로

김 교사의 수업을 활동,[21] 즉 수업의 내용과 방법의 통합적 형태로 순서화하여 정리하면 다음과 같다. 이것은 김 교사의 전반적인 사회과 수업의 흐름과 특성을 이해하는 데 도움을 준다.

〈표 3-5〉 김 교사의 사회수업에 나타난 내용과 방법의 흐름

구분	아시아 1	북아메리카 1	북아메리카 2	남아메리카 1	남아메리카 2	남아메리카 3
수업 내용과 방법의 조직 으로서의 활동과 그 전개 순서	아시아에 대한 생각 말하기	아시아를 한 단어로 비유하기	북아메리카의 위치, 지형, 기후 재현하기	세계지도 떠올리며 북반구의 대륙과 나라, 그 특징 떠올리기	페루의 음악 듣고 잉카 유물 떠올리기	스페인의 위치 확인해 보기
	사진 보고 아시아인 찾기 게임하기	북아메리카 관련 가설 말하기	미국에 대한 가설 입증하기	남반구 떠올리고 남아메리카에 대한 생각 말하기	지난 시간의 의문조사 내용 확인하기	콜럼버스를 통한 아메리카 발견 관련 이야기 듣기
	사진보고 아시아의 문자 찾기, 게임하기	구글로 보는 아메리카위치 알기	미국의 경제위기와 시사	지도보고 현빈의 집이 있는 에콰도르 찾기	다양한 조사방법 말하기	아마존 관련 지식 확인하기
	아시아의 화폐 찾기	구글로 보는 아메리카 지형 말하기	경제력 위기와 군사력의 한계 이야기	에콰도르의 지형과 생활이 관련된 현빈의 이야기하기	잉카의 결승문자 가설에 대한 조사 내용 발표하기	영상 보고 아마존과 관련한 토론주제 생각하기
	아시아 각 나라의 화폐모둠별 관찰하기	궁금한 북아메리카 재생하기	인종과 민족 갈등이야기	남아메리카 나라의 위치를 확인하고 노트 정리하기	목걸이유물에 대한 자신의 가설과 관계된 신화 발표 및 질의	아마존의 눈물 영상과 관련한 내용 확인하기
	화폐를 보고 아시아에 대한 가설세우기	미국은 강한가? 아닌가? 개별 정리하기	우주항공산업과 정보통신기술 이야기	구글 지도로 남아메리카 지형 (산, 산맥, 고원 평원 등) 확인하기	미라 가설에 대한 이야기와 조사 내용 발표 및 질의응답	아마존과 관련한 토론주제 찾기 - 벌목문제
	스마트폰으로 아시아에 대한 가설 검증하기	경제, 자원, 기술 등의 기준을 세워 의견 말하기	사진으로 북아메리카의 다른지역과 나라 확인하기	남아메리카 기후를 확인하고, 안데스음악 들으며 구글지도 여행하기	동물 문양을 보고 잉카의 문화이야기하기	벌목에 대한 찬반의견 말하기

수업 내용과 방법의 조직 으로서의 활동과 그 전개 순서	해결한 의문점 발표하기 및 새로운 아시아의 궁금증 찾기	자료를 활용하여 의견에 대해 조사해 오기	북아메리카의 경제공동체 나프타이야기	마추픽추 사진보고 페루의 유적지 확인하기	스페인의 칼과 관련한 가설에 대한 이야기자료 조사 발표 및 질의응답	아마존환경을 위한 새로운 대안 찾아 말하기
	아시아 여러 지역의 공통점 파악하기		북아메리카 정리하기	마추픽추의 돌과 지형적 특성 보고 의문 갖기	잉카의 몰락과 관련한 천연두 이야기 듣고 질의응답	아마존부족의 입장을 존중하며 대안쓰기
	아시아는 ( )이다 정리		북아메리카는 ( )이다 발표	잉카문명 뉴스와 사진을 보고 미라유물에 대한 의문 갖기	해골과 관련한 가설 조사내용 발표 및 질의응답	
				스페인 칼과 잉카 여성 인구의 감소에 대한 의문 갖기	잉카문명으로 알게 된 남아메리카 정리 및 발표	

〈표 2-1-5〉에 의하면 김 교사는 자료를 제시하여 학습내용을 다양하게 추출하고 질의와 응답의 방식을 중심으로 하되 학습내용의 맥락에 따른 교사의 질문과 학생의 호기심을 동시에 이어간다. 이는 각 대륙의 자연환경과 인문환경적 요소를 강조하기 위하여 학생의 조사와 교사의 설명으로 수업을 진행하는 일반적인 수업 방식과 다르다. 아래의 미라이야기는 그 자체가 자료로서의 내러티브이기도 하지만, 이를 토대로 새로운 미라이야기를 생성하는 담론 과정이기도 하다. 미라 이야기는 학생들이 흥미를 갖는 이야기자료이자, 교사와 학생 간의 담론을 따라가는 내러티브적 구조로 형성된 또 하나의 내러티브이다.

아동들 :	(미라 사진을 보며) 우와!
교사 :	네, 제일 논란이 많이 되었던. 미라가 나왔습니다.
교사 :	좋습니다. 그러면... 벌써 (손들) 준비를 하는 사람들이 있는 것 같네. 미라에 대한 얘기를 한 번 해 봅시다. 누가 먼저 시작해 볼까요? 네. 용선이?
용선 :	잉카의 황제가 있었는데, 그 황제가 죽은 뒤에는 미라로 만들어서 전시한 후에 신으로 모셔졌다..
교사 :	황제를 미라로 만들었다? 지금 보는 이 사람은 ?
아동들 :	여자?
교사 :	그치.. 황제는 아닌 것 같지? 네, 그렇지만 황제도 미라로 만든 건 맞아요. 또? 진호?
진호 :	여사제로 키워진 처녀들은 태양신의 시녀로서 여겨진다. 흔히 일정한 나이가 되면 태양신의 자손인 잉카왕과 하룻밤을 보내고, 다음날 신의 제물이 된다.
아동들 :	제물~ 하하하...
진호 :	제물~이 된다. 이때 사제는 그녀의 심장을 흑요석 칼로 잘라, 꺼내 제단에 바친다.
아동들 :	징그러....
교사 :	네, 그러니까 제물로 미라를 만들었다? 그런 얘기도 있네요? 또? 주원이?
주원 :	잉카 미라와 이집트 미라의 차이를...
교사 :	네, 좋죠. 왜 여러분 '미라'하면 이집트 미라 생각이 나잖아요, 많이. 뭐가 다른지.. 자, 여러분은 지금 그냥 듣고 있어서는 안되죠? 친구들의 의견, 그중에서 여러분한테 인상적인 것들을 메모하면서 듣는 겁니다. 지금은 미라. 세 번째 유물에 대한 얘기를 하고 있어요..
교사 :	네. 되게 궁금하네? 주원아 얘기해주세요. 큰 소리로~
주원 :	잉카미라는 조상 숭배를 위해 만들어지고.. 인간의 육신에 영혼이 깃들어 있는데, 죽어가는 사람은 (음성파악 불가) 떼어내고.. 이집트 미라 역

시 비슷하고.. 하지만 죽은 사람은 소생하지 않고, 죽은 육신이 언젠가는 부활할 거라고 믿었기 때문이다.

교사 : 어.. 부활할거라고 믿었데요. 여러분 이 미라가 왜 앉아 있는 것 같아? 앉아 있잖아? 우리 보통 미라하면 이렇게 (뻣뻣한 모양을 흉내 내며) 되어 있는 거 생각하는데, 앉아 있잖아요?

화영 : 사람처럼 돌봐 주려고..

교사 : 돌봐줘서? 미라를? 그게 무슨 뜻이지?

태섭 : 누워 있으면 일어나기 힘드니까..

교사와 아동들 : (동시에 크게 웃는다) 하하하하 히히............. (중략)

교사 : 그리고 또?

희환 : 저승에 가는데.. 여기(책에) 저승으로 가는 길에 먹으라고 음식도 같이 넣었다고 나왔는데, 그래서.

교사 : 음식을 먹느라고 앉아있는 거 같다? 먹으라고? 또?............. (중략)

상희 : 미라는 건조사막기후를 가진 지역에서 시작되었다. 이 지역은 건조하기 때문에 자연스럽게 시신이 부패하지 않고 미라형태로 남는다. 죽은 이들을 매장하지 않고 옷을 갈아입히고 음식을 대접해 주는 등, 살아있는 사람과 똑같이 대했다. 서북부지역을 중심으로 잉카문명이 여러 지역까지 미치게 되었고, 잉카문명의 사람들은 미라풍습을 받아들이게 되었다.

교사 : 중요한 얘기 했죠? 어떤 지역에서? 날씨가, 기후가?

아동들 : 건조해요. 건조~

교사 : 건조하다 그랬잖아. 건조해서요, 억지로 미라를 만들지 않아도 미라가 되는 경우가 많았구요, 이게 풍습이었다는 거죠. 지금 중요한 얘기 했지? ....(이하생략)

-남아메리카수업 2 전사자료 중

수업에서 미라이야기는 지속되지만 그 의문이 정리되지는 않는다. 미라에 얽힌

사회과 수업과 내러티브

이야기는 담론의 소재가 되고, 탐구의 소재이다. 남미의 미라이야기는 남미에 대한 탐구를 더욱 자극한다. 이러한 수업이야기는 교사와 학생이 사회 현상에 담긴 내용을 이야기하는 것이기도 하지만, 사회 현상을 이해하기 위한 대화의 과정이며 교사와 학생의 소통과정이기도 하다.

김 교사는 미라 자료를 제시하여 지속적으로 상상과 의문을 자극하고, 학습자가 학습의 의미를 찾도록 유도한다. 학생의 조사과제는 발표를 위하여 부과된 것이 아니라, 세계에 대한 호기심을 충족하고 또 다른 사실적 의문을 제기하는 긍정적 역할을 한다. 이것은 의문의 사건에 대한 추리를 통해 플롯을 갖추어가는 문학적 내러티브 구조와 유사하다. 호기심은 사건으로 작동되고 호기심의 해결, 즉 사건의 해결은 여전히 학생의 호기심으로 남아 있다. 이것은 교사가 수업목표를 제시하고 이것을 조사하고 발표하여 시간 내에 마무리하는 기존의 수업과 다르다.

오랜 시간을 투자하여 전시학습을 회상하도록 하는 과정은 오늘의 수업이 왜 필요하였고 무엇으로부터 출발하였는지 등 각자가 이전 수업에서 가졌던 호기심을 확인하는 것이다. 지속적으로 탐구를 유도하고 조사하고 발표하는 전개, 새로운 세계에 다시 의문을 재연하는 정리과정은 다음 시간에 다시 순환한다. 정리 단계에서는 각 대륙에 대한 학생의 은유와 그 이야기로 마무리하여 새롭게 배운 '세계'를 학생의 이야기로 만들고 공감하는 수업으로 진행된다. 학생들은 자신의 의견을 제시하고 타인의 의견을 경청하는 관계의 소통과 새로운 이야기를 재현하고 공감하는 경험을 한다.

이러한 교사의 수업에서는 무엇을 가르치는가와 어떻게 가르치는가를 뚜렷하게 구별하기 어렵다. 수업방식은 주요 자료와 질문에 따른 교사와 학생의 대화로 이루어져 있지만, 대화에는 수업의 내용과 방법이 맞물려 존재한다. 그녀의 사회과 수업은 '세계'에 대한 의문의 과정을 '세계'를 탐구하는 과정으로 유도하며, 이를 통해 새로운 '세계'를 이해함과 동시에 또 다른 '세계'에 대한 의문을 품는 과정으로 마무리된다. 새로운 의문은 다음 수업에서 '세계'에 대한 의문으로 다시 제시된다. 위 교사의 사회과 수업에서의 활동은 세계에 대한 다양한 주제를 교사와 학생의 담론 형식으로, 학생의 탐구가 지속되도록 열어가는 내러티브적 구조를 갖추고 있다.

다. 사회과 수업 목적으로서의 내러티브: 세계와의 소통, 타자와의 소통을 위한 사고양식

내러티브는 이야기를 만들고 다른 사람과 이야기를 나누는 소통과 관계의 의미를 포함한다. 다음은 김 교사의 수업에 나타난 교사와 학생의 의사 표현 과정이다.

> 교사 : 자, 그럼 한 번 발표해 보자. 진호 뭐라고 썼니?
> 진호 : 북아메리카는 **평평한 접시**다.
> 교사 : 하하. 평평한 접시다. 왜?
> 진호 : 평지가 많아서.
> 교사 : 아~ 넓은 평지가 많아서 평평한 접시다? 재밌네.
> 태섭 : 평지가 많아서? 산지도 있는데.. 가운데가 **볼록한 접시**? 어때?
> 교사 : 아. 그것도 한번 생각해 볼 필요가 있겠어요. 자, 다음에 호진이. 큰 소리로..
> 호진 : 북아메리카는 집에서 **파티를 즐기는 아이**이다.
> 교사 : 응? 집에서 파티를 즐긴다?
> 호진 : 어... 파티를 할 때 아이들이 많이 모여서 놀고 그러는 거.
> 교사 : 아~ 여러 인종들이 모이는 것을 파티로 표현했구나? 재밌는 표현입니다.

교사 :	또? 예지?
예지 :	북아메리카는 **해머**이다.
교사 :	뭐다?
예지 :	해머.
아동들 :	해머. 망치. 망치.
교사 :	해머? 아.... 망치? 왜 망치지?
예지 :	왜냐하면 강한 나라가 많기 때문입니다.
교사 :	아~ 강한 나라가 많기 때문에? 어떤 나라가 강한데?
예지 :	어. 그..... 미국이랑 캐나다랑 멕시코, 자원이 많아서 강해요.
교사 :	그 세 나라가 강한 거 같아요? 다음에, 화영이?
화영 :	'북아메리카는 **마트다**'라고 썼습니다. 왜냐하면 한 대륙 안에 여러 자원이 많기 때문입니다.
교사 :	마트~ 자원이 많아서 마트다. 어.. 잠깐만. 있잖아, 사실은 미국이 강할까라는 질문을 우리 반에 세 사람이 질문들 던졌는데.. 그중한 사람이 화영이였거든. 화영이는 지난 수업하고 오늘 수업을 통해서 어떤 생각을 하게 됐어?
화영 :	원래 별로라고 생각을 했는데, 조사하고 친구 발표하는 걸 들으면서 다시 생각해 보게 되었습니다.
교사 :	그래서, 강하다고 생각하나요? 결론은?
화영 :	네. (이하생략)

-북아메리카수업 2 전사자료 중

사회 현상이나 사건을 두고 교사와 학생, 혹은 학생과 학생이 나누는 대화는 소통을 선제로 만들어진 내러티브의 의미를 대변한다. 이는 교사가 제시하는 자료나 발문에 대하여 학생들이 의견을 적극직으로 제시히는 과정과 학생들의 의견과 의문을 호응하고 공감하는 교사의 반응에서 나타난다. 학생들은 소통의 과정을 통하여 자신을 표현하고 사회적 지식을 확장함과 동시에 타인과의 대화를 즐긴다. 김 교사의 수업에서 대부분을 차지하는 교사와 학생의 대화, 즉 담론의 과정은 수업의 방식으로도 작동하지만, 타자와 혹은 문화와 교류하고 소통하는 삶의 방식이기도 하다. '세계'를 대상으로 이야기를 나누는 소통의 과정은 낯선 공간을 친숙한 공간으로 만들어 주기도 하며, 친숙한 공간에 대한 새로운 이해를 유도하기도 한다. 사례 교사의 '세계' 수업은 학생과의 소통을 통하여 낯선 남아메리카를 친숙한 현빈의 공간으로 만들었다. 사회 현상에 대한 이해와 공감의 과정은 낯선 공간이나 시간에 대한 지적(知的) 의문에서 출발하여, 일상의 경험을 나누며 친숙한 공간과 시간을 낯설게 보거나, 낯선 현상을 새롭게 이해하는 내러티브적 사고의 과정이다.

교사 :   자, 남아메리카 하면 생각나는 거 뭐 있니?

아동들 :   브라질. 아마존. 축구. 칠레. 쌈바춤. 열대우림.

교사 :   아마존. 브라질. 축구. 열대우림. 어, 그런 것들이 생각나죠. 칠레, 펠레 다 나오네?

교사 :   어. 에콰도르. 맞아, 얘들아. 그래서 선생님이... 여러분 에콰도르하면....

아동들 :   현빈이.

교사 :   현빈이 생각나지? 현빈이를 보여줄까 해.

아동들 :   우와. 어, 진짜요? 사진? 나 현빈이 카톡 알아. 현빈이 나오는 건 아니죠? (모니터에 아파트 사진 등장) 여기, 에콰도르? 현빈이가 사는 데에요?

교사 :   현빈이가 에콰도르로 이민을 갔죠? 1학기 때.

아동들 :   네..

교사 :   에콰도르라는 이름은, 예전에 얘기했었는데... 어떻게 붙여진 거라고 그랬지? 뜻이 뭐라 그랬지?

아동들 :   적도에 있다고 그래서...

교사 :	그렇지. 에콰도르 자체가 적도라는 뜻이에요. 여러분 거기에 70쪽에 남아메리카 지도에 보면 에콰도르 보이나요?
아동들 :	네.
교사 :	그치. 맞아. 바로 적도에 있어요. 바로, 현빈이가 이쪽으로 이민을 갔죠. 부모님이 그 쪽으로 가셔서요.
교사 :	여기 보면, 현빈이가 사는 아파트래요.
아동들 :	좋네.
교사 :	아파트고.. 그 다음에, 여기가 이제..... (사진을 바꾸며)
아동들 :	에콰도르 시내?
교사 :	어떤.. 지금, 어떤 특징들이 보이니?
아동들 :	학교. 산맥이 높아요.
교사 :	높은 산이 있고, 우리나라랑 별반 다를 바도 없네? 요기 나무들 보이니?
아동들 :	네. 야자수?
교사 :	어. 야자수가 있는 걸로 봐서?
아동들 :	열대기후~ 열대지방~
교사 :	그렇지. 열대기후라는 걸 알 수가 있겠죠?
교사 :	자, 또 넘어가서... (사진 바뀜) 어~ 현빈이가 있네~ 그대로인데? 그치? 현빈이 하고..
아동들 :	누나? 동생이래.. 키가 똑같아. (현빈이가) 동생같애.
교사 :	체육복이에요. 체육복이구요. 이건, (사진 바뀜) 에콰도르의 교복이라고 합니다.
아동들 :	교복이 있어.. 초등학생도 교복이 있어요?
교사 :	네. 교복이 있는데요.
아동들 :	날라섰어. 완선 달라졌느네.. 왠시 잘 생겨졌다. (중략)
교사 :	응. 현빈이가 지금 에콰도르에.. 에콰도르는 남아메리카에 있는... 사진만 봐도 느껴지죠? 뭘 알 수 있었나요?
아동들 :	더운 나라~열대기후.

교사 :　　더운 나라다.. 야자수도 있었고, 열대과일도 볼 수 있었고......(이하 생략)

-남아메리카수업 1 전사 중

위에서 김 교사는 에콰도르를 현빈이의 공간으로 대체하여 이야기를 풀어간다. 학생들은 에콰도르의 지형과 기후라는 학문적 차원의 접근보다는 친구 현빈이가 사는 에콰도르에 대하여 관심을 갖는다. '세계'에 대한 이해는 결국 인간에 대한 이해에서 출발하는 것이다. 이러한 김 교사의 사회과 수업은 학생들과 쉽게 소통할 수 있는 소재를 활용하여 다른 사람이나 문화에 공감하고 그들과 새로운 관계를 형성하도록 돕는다. 이것은 사회과 수업의 목적과도 관련있다. 학생들은 세계를 소재로 끊임없이 자신의 이야기를 들려주고 타인의 이야기를 들으며 사회 현상과 자신의 삶을 연결지어 이해하는 사람으로 성장한다. 특히 학생 상호 간의 이야기 과정은 사회적 관계의 의미를 찾는 과정이다.

싱가포르팀 이야기

남학생1 :　빠밤~ 지폐 먼저 나옵니다.

남학생2 :　오.. 잘 생겼네.

남학생1 :　아까 그 사람이 싱가포르 사람이었나 봐. 할아버지가 아니었구나.

남학생2 :　동전 나왔습니다. 골라잡아.

여학생 :　이게.. 다 우리나라 보다 되게... 굵은 거 같애

남학생1 :　어, 이 별. 유로다. 유로 아냐? 이 국기?

남학생2 :　달러야 달러.

선생님 :　궁금한 점들을 모두 메모해 보세요.

남학생1 :　이거 센트인데. 1센트?

남학생2 : 싱가포르

남학생1 : 달러잖아.

여학생 : 음 코끼리가 상징적인 것 같다.

남학생 : 불교.. 대부분 불교를 따른다.

여학생 : 어디?

남학생 : 여기 불교 있잖아?

학생들 : 어디?

남학생 : 여기, 부처님 불상.

여학생 : 나도 좀 볼래.

남학생 : 불상 보이는데.. 불상........... (중략)

남학생 : 태국의 왕을 검색해 보자.

여학생 : 난 화폐 단위.

남학생1 : 태국의 화폐에 있는 것. 태국의 유명한 문화. 태국의 위인. 태국의 자연
환경 중 하나.

남학생2 : 난 태국의 왕

여학생 : 그니까 우리 뭐 검색할 거야.

남학생 : 태국의 위인.

여학생 : 그니까 위인. 태국의 위인을 검색하고.............. (이하 생략)

– 아시아수업 1 전사자료 중

학생들의 대화에는 언어적 표현과 더불어 보이지 않는 공감과 호응, 친절과 무시, 관심과 배려 등 비언어적 유형의 이야기들이 존재한다. 이야기를 소통하는 과정은 학생들의 생각과 더불어 몸짓과 행동, 표현방식 등을 공유하는 과정이기도 하다. 이것은 학생 간의 관계는 물론, 사회 현상과 소통하는 능력과 더불어 인간과 사회의 관계를 이해하는 방식이다. 김 교사의 사회과 수업은 사회 현상만을 이해

하는 수업이 아니라, 학생 간의 관계 형성과 의사소통의 기회를 제공하여 사회에서의 개인적 성장을 유도한다. 이것은 사회과 수업의 목적으로서의 바람직한 삶과 관련되는 것이다.

한편 대화를 중시하는 김 교사의 수업은 그녀가 생각하는 사회과교육의 목적과 연계되어 있다.

> 사회과의 목적인 민주시민 양성과 고차 사고력 함양을 위해서는 기본적으로 깊이 생각하고 사고하는 과정이 중요하다. 그런데 이것이 교실에서 이루어지기 위해서는 개인적 사고과정도 중요하지만 교실 내 구성원 모두가 깊은 사고과정을 공유하고 의견을 나누는 과정이 중요하다. 의견의 교환은 사고의 폭을 확장하기 때문이다.......(중략). 깊이 생각하고 서로의 생각을 나누면 우리 사회의 좋은 시민이 될 수 있다..... (이하 생략)
>
> -김 교사의 추가 답변 자료 중

김 교사는 깊이 생각하며 서로의 생각을 공유하는 사람을 '좋은 시민'으로 본다. 생각을 깊이 하는 수업이란 탐구를 지향하는 수업이며, 생각을 나누는 과정이란 사회구성원 간의 대화와 소통을 중시하는 수업을 말한다. 김 교사가 추구하는 좋은 시민은 결국 자신의 이야기를 함과 동시에 다른 사람의 이야기를 듣고 이야기를 공유하는 사람, 즉 인간과 세계의 관계를 중심으로 소통을 즐기는 사람이다. 이는 사례 교사가 사회과 수업을 통하여 내러티브적 사고 양식을 갖춘 시민을 중시한다는 것을 의미한다.

사회과교육은 사회 현상을 비판적으로 사고하는 인간, 타자에 대한 공감과 배려를 갖춘 인간, 자신의 생각을 성찰하고 사회를 개선하는 인간의 형성을 목적으로 한다. 이러한 시민은 단순히 교과서를 이해하는 데 그치는 사람이 아니다. 텍스트를 활용하지만 자신이 세계 내 존재이며 타자와 더불어 살고 있음을 인정하는 사람이다. 세계 내 존재로 살아간다는 것은 세계에 대하여 다른 사람과 의견을 나누고 공감하며 자신의 의사를 표현하는 사람이다. 김 교사의 수업에는 이러한 인간성을 추구하는 내러티브적 사고양식이 담겨 있다.

4. 사회과 수업에서의 내러티브 의미와 쟁점

사회과 수업에는 호기심을 유발하고 사회 현상을 이해하는 이야기 자료로서의 내러티브와 시간적 순차에 따른 수업의 내용과 방법의 연계 구조로서의 내러티브, 그리고 인간과 세계에 대한 교사와 학생의 사고 양식으로서의 내러티브가 존재한다. 이러한 내러티브 양상은 다음과 같은 사회과교육적 의미를 갖는다.

첫째, 수업자료로서의 내러티브에 대한 의미의 확장이다. 수업에 활용되는 내러티브 형태의 자료는 세계수업의 다양한 소재를 제공하고 탐구를 향한 동인을 제공한다. 이것은 기존의 사회과교육에서의 내러티브 연구, 즉 내러티브는 학생들에게 흥미와 호기심을 주기 위하여 활용되는 교사용 이야기자료라는 축소된 개념과 다른 의미를 갖는다. 수업 자료로서의 내러티브는 사회과 수업의 전반에 나타나는 교사의 학생의 활용 자료 모두를 의미하며, 수업에서 내러티브적 자료가 갖는 의미는 그 자료가 사회과 수업에서 왜 필요하고 어떠한 역할을 하는가에 대한 교사와 학생의 의도와 관계있음을 전제한다.

따라서 좋은 내러티브 자료란 사회과 수업을 이끌어가는 중요한 수업 내용의 소재 역할을 한다는 의미이며, 동시에 이것이 지속적인 학습의 동인을 제공한다는 뜻이다. 사회과 수업에서의 내러티브 자료를 이야기 자료라는 단순한 설명으로 오인할 경우, 그것은 교사의 전유물이자 때로는 무의미한 수업자료가 될 여지가 크다.

둘째, 사회과 수업의 구조로서의 내러티브의 의미 확장이다. 수업은 본래 교사와 학생의 담론 과정으로 이루어진다. 내러티브 구조를 갖춘 사회과 수업이란 모형 중심 혹은 교사 중심이라는 수업의 형태와는 별개로, 교사가 중시하는 수업의 흐름을 따라 수업의 내용과 방법이 순차적으로 연계되는 구조와 관계된다. 김교사의 수업은 이전 시간의 내용을 복습하는 활동으로 시작하여 오늘 배울 대륙에 대한 선행지식을 확인하는 활동, 확인한 선행지식의 심화를 위한 새로운 소재를 제시하고 호기심을 확장하는 활동, 새로운 문제에 대한 각자의 가설을 생성하는 활동, 학생 각자가 선정한 문제를 해결하기 위한 과제선택과 조사 활동, 조사한 과제를 발표하고 새로운 의견을 이야기하고 정리하는 활동, 정리한 활동을 토대로 배운 내용을 스스로 의미화하는 활동으로 끊임없이 연결된다.

이 같은 패턴은 교사가 강조하는 지식을 반복적으로 전달하는 과정이라기보다는 세계에 대한 학생 각자의 궁금증을 중심으로 문제와 탐색, 그리고 관계된 사실들이 자연스럽게 연계되는 수업이다. 사례 교사의 수업은 끊임없는 문제 생성과 대화 과정으로 진행되는 내러티브적 구조를 갖추고 있다. 사회과에서의 내러티브적 수업 구조는 세계에 대한 유의미한 내용의 선택과 적절한 방식의 배열을 통하여 수업의 전·중·후는 물론 각 차시의 수업 내용을 맥락적으로 이해할 수 있도록 돕는다. 내러티브는 수업의 패턴과 맥락을 동시에 고려할 수 있는 수업내용과 방법의 연계성을 의미한다.

셋째, 사회과 수업의 목적과 연계되는 내러티브적 사고의 의미 확장이다. 사회과는 시민적 자질 양성을 목적으로 한다. 이것은 세계시민에게 필요한 다양한 능력과 태도의 형성에 주목하는 사회과교육의 성격을 의미하는바, 사회과교육을 받은 시민은 다른 사람과 문화를 존중하고 자신의 의사를 표현하며 사회를 변화·발전시키는 사회의 구성원이다. 결국, 시민적 자질의 기본은 세계와 인간에 대한 공감과 소통능력의 향상에 있으며 그 전제는 세계 내 존재로서의 인간의 이야기를 경청하는 것이다.

사회과 수업에서 이야기의 경청이란 수업 주체 상호 간의 대화와 토론은 물론 사회 현상에 대한 서로 다른 생각을 공유하는 과정을 포함한다. 이것은 사회과 수업이 본래 내러티브적 사고양식을 필요로 하는 교육 활동임을 말하는 것으로 사회과 수업에서의 내러티브는 소통과 공감 능력을 지닌 세계시민으로서의 내러티브적 사고, 즉 수업의 목적으로서의 내러티브의 의미를 동시에 갖는다고 보아야 한다.

초등교사의 사회과 수업에는 이야기 자료로서의 내러티브, 이야기 담론으로서의 내러티브, 그리고 사회 현상에 대한 소통과정으로서의 내러티브 양상이 존재한다. 이러한 교사의 사회과 수업은 가르침과 배움의 유연한 태도, 지식에 대한 깊이 있는 이해의 가능성, 외래적 수업모형에 의존하지 않는 탐구의 가능성 등을 보여준다. 그러나 김 교사의 수업에서 드러난 바처럼 교사들은 사고와 소통과정을 중시하는 것과 너들이 세계의 무엇을 왜 공유해야 하는가의 관련한 의미, 즉 수업의 기본 내용과 목적성을 유연하게 연계하지 못하는 경우가 있다.

이는 사회과 수업에서의 내러티브가 유용한 수업방식이라는 장점과 함께, 특수한 소재나 사실에 대한 지나친 나열로 인하여 보편적 원리나 새로운 사회문제를 발견하고 그 대안을 제시하는 데 소홀할 수 있음을 의미한다. 교사와 학생의 이야기에 대한 관심은 현상에 대한 탐구와 새로운 지식을 유도하는 동인으로 기능한다. 그러나 그것이 곧 교육적 가치를 지향하는 좋은 수업이라고 단정할 수 없다. 사회과에서 세계를 배우는 목적은 세세한 사실적 지식에 있다기보다, 세계 내에서 학생과 교사가 어떻게 살아가야 하는가를 목적하기 때문이다.

앞선 김 교사의 사회과 수업에는 학생들의 이야기가 살아있다. 학생들은 의문과 조사, 탐구와 발표를 통하여 수업에 적극 참여한다. 그러나 김 교사가 왜 학생의 호기심을 추적하는 수업을 지속하는가에 대한 이유는 모호하다. 교사는 세계와 인간에 대해 무엇을 가르칠 것인가에 대한 관점에서 나아가 왜 인간과 세계를 배우는가에 대한 성찰을 통한 가르침의 의미를 확인할 필요가 있다. '세계의 무엇을 배우는가'라는 물음이 세계에 대한 다양한 소재를 토대로 교사와 학생이 궁금한 그 무엇을 찾는 과정이라면, '왜 세계를 배우는가'에 대한 관심은 세계를 배움으로써 학생들에게 어떤 교육적 가치가 있는 것인가와 관계하기 때문이다. 김 교사의 경우도 세계에 대한 학생들의 흥미와 호기심에 따라 수업의 소재를 확장하고 각 소재에 대한 깊이 있는 탐구에 몰두하도록 끊임없이 내러티브적 자료를 활용하고 있다. 그러나 이러한 활동과 내용이 세계를 배우는 수업의 목적과 어떠한 관계가 있으며, 이를 위하여 수업의 구조를 어떻게 변형할 수 있을지를 고려할 필요가 있다.

좋은 수업이란 수업의 맥락과 상황을 고려하면서도 사회과 수업으로서의 유목적성을 지향하는 수업이다. 즉 수업의 목적을 위한 일련의 내용과 방법을 순차적으로 조직하여 학습자가 학습의 과정을 막힘없이 경험하도록 하는 것으로, 이것이 학습자의 사고와 지식을 유연하게 이어주는 수업이다. 내러티브적 사회과 수업은 수업의 내용에 대한 학생의 선택을 존중하고, 선택한 내용에 적합한 방법을 구안하며 활동과 활동을 맥락적으로 연계함과 동시에 교사의 가치가 반영된 사회과 수업의 목적을 지향한다. 만약 교사가 도입, 전개, 정리와 같은 단순한 수업의 절차에 치중하는 경우, 사회과 수업은 교과의 내용과 학생의 개인차를 고려하지 못한 채 단순히 흥미 있는 자료나 방식에만 몰두하는 오류를 갖게 될 수 있다.

내러티브는 인간이 일상의 일시적 경험이나 개인적인 행위에 의미를 부여하는 형식이며(강현석, 2011, 15), 세상을 이해하고 정리하는 데 활용되는 커다란 지식의 범주이다(Chistian, 2010, 29). 사회과 수업에서의 내러티브는 세계에 대한 사적 이해의 존중과 그에 대한 상호 소통을 통하여 세계 내 존재로서의 인간의 당위성과 삶의 의미를 이해하는 일련의 과정이다.

사회과 수업을 내러티브로 본다는 것은 사회과 수업에 존재하는 교사의 해석을 존중하고 교실 수업상황과 맥락을 인정하며 수업에 나타나는 개별적 상황과 의미부여, 시간에 따른 사건의 개연성을 살피는 것을 말한다. 사회과 수업에서의 내러티브는 단순히 이야기를 이야기하는 과정이 아니라 인류 문명과 문화를 토대로 교사가 어떠한 의도와 목적에 따라 어떤 방법으로 수업을 구성하는가와 관련된다.

사회과 수업에서의 내러티브 양상은 다양한 형식으로 존재한다. 이야기자료로서의 내러티브는 그 이야기를 선택한 교사의 의도에 따라 수업의 목표와 연결되어 있으며, 수업의 구조로서의 내러티브는 사회현상에 대한 이해와 갈등, 그리고 그 해결을 향한 수업의 내용과 방식의 연속적 패턴과 관계된다. 사회과 수업을 내러티브로 인정하는 일은 수업의 목표와 내용, 방법과 평가라는 각각의 요소를 강조하는 절차적 수업에서 벗어나, 각 요소 간의 관계를 살피고 사회과교육의 목적으로서의 사회현상에 대한 이해와 시민적 자질을 위한 공감과 배려, 비판과 참여의 과정이 수업에서 어떻게 존재하는가에 초점을 두는 것이다.

교사가 사회과 수업을 통하여 세계에 대한 공감과 인간 존재로서의 삶을 이야기하고자 한다는 것은 사회 현상을 제각각 열거하고 입증하는 기존의 수업에서 벗어나 사회현상에 대한 다양한 학생들의 의견과 세계에 대한 개별적 특수성을 인정하는 것이다. 이것은 내러티브 수업이 내러티브를 활용하는 수업이라기보다는 내러티브적 사고의 과정을 경험하게 하는 수업임을 의미한다. 따라서 내러티브적 특성을 갖춘 사회과 수업이란 교사와 학생 개개인의 내러티브적 사고 양식을 인정하며 수업을 통하여 새로운 자신의 내러티브적 지식을 만들고 표현할 수 있도록 격려하는 수업이다.

내러티브적 사회과 수업은 수업의 목표와 내용, 방법과 평가가 교사가 의도하는 가치 있는 수업의 목적을 향하여 유연하게 연결되고 진행된다. 따라서 만약 교사의 내러티브 자료나 구조가 흥미로운 소재나 자료에 대한 지나친 관심 혹은 무관심으로 치우칠 경우 그것은 내러티브의 특성을 무시한 채, 내용 전달 혹은 방법적 치유에 몰두하는 형식적 수업이 된다. 교사는 학생들이 왜 세계를 배워야 하는가에 대한 자신의 관점을 검토하고 성찰함으로써 사회과 수업의 소재로서의 내러티브에서 벗어나, 좋은 내러티브적 구조를 갖춘 사회과 수업과 내러티브적 사고양식을 갖춘 학습자를 만나게 된다.

2장.
예비교사의
역사수업 이야기

이야기는 경험을 통해 이어지고 풍부해진다. 이 글에서 우리는 매끈한 수업 대신 서툰 수업의 빈자리를 채워 가는 예비교사의 용기와 진정성을 보게 된다. 서투른 역사 수업에서 예비교사들이 두려워한 것은 역사적 사건 이전에 교육적 사건이다. 교실 공간에서 시간을 가르치고 배운다는 것은 어떤 의미가 있는가? 역사적 사건은 교육에서 왜 중요하고 어떻게 가르쳐야 하는가? 예비교사가 역사 수업을 한다는 것은 수업 속에 잠재된 문제를 극복하고 각자의 역사 내러티브를 만들어가는 일이다.

예비교사, 사회과 수업, 초등 역사수업, 성찰, 내러티브, 역사적 사건, 교육적 사건

1. 수업을 성찰한다는 것

교사는 수업을 설계하고 실행하며 반추하는 전 과정에서 성찰을 경험한다. 성찰 (reflection)이란 반추, 반성, 숙고, 감상 등 다양한 성질을 함의하고 있기에 수업 실행 이후 경험하는 단순한 차원의 생각과 차별된다. 수업에서 쓰이는 성찰이란 수업을 계획하고 실행하고 되돌아보는 모든 과정에서 능동적으로 발휘되는 사고 모두를 의 미하는 것으로, '믿음을 전제로 일어나는 적극적인 사고', 혹은 '해결할 의지가 일어 나는 유목적적 사고'라는 일종의 반성적 사고의 의미를 담고 있다(Dewey, 1910). 그것 은 실천된 행위를 되돌아보는 '반성', 혹은 '숙고'라고 불리는 반성적 의식과 차이가 있다. 즉 '성찰'은 행위에 대한 의식적 자각의 과정이다(김성종·이영주, 2015).

일찍이 Schön(1991)은 교사교육에서 성찰이 매우 중요하다고 강조하며, 성찰을 인 간이 실행하는 전문적 실천의 상황에서 발생하는 특별한 행위, 그 행위에 의미를 부 여하는 부단한 노력의 일종으로 보았다. 그는 교사가 자신의 수업에 대하여 스스로 성찰하는 과정에서 교육과 수업의 전문성을 획득해간다는 점에 주목하며, 교사를 반성적 실천가로 일컫고 교사의 수업 전 과정에서 성찰이 일어남을 강조하였다.

교사는 수업을 실천하는 전문가로서 수업 행위 전, 중, 후 모든 과정에서 성찰 을 경험한다. 교사 교육기관에서는 이러한 수업 성찰의 중요성을 인지하고 보다 많 은 성찰의 기회를 제공해야 할 의무가 있다(Armstrong, 1999). 그럼에도 불구하고 교사 교육기관은 수업 설계에서 실행에 이르는 모든 경험과 그 경험에서 발현되는 성찰 과정을 교육실습 기간에 한정하여 논의하는 실정이다. 수업에서의 성찰은 교 사의 수업 전문성을 성장시키는 중요한 질적 경험임에도 불구하고 교사 교육기관 은 이를 장기적으로 실행하지 못하고 있다. 교사의 삶은 교육 실천가로서의 삶이다. 교사 교육기관은 교육 성찰의 기회를 지속적으로 확보하여 예비교사들이 교과의 성격에 따른 수업 전문성을 충분히 갖추도록 도울 필요가 있다. 수업을 경험하고 성찰하며 이야기하는 일은 곧 교과의 이론과 실제의 간극을 확인하고, 교사와 학생의 존재를 수업에서 살아나게 하는 일이다.

예비교사들이 사회과 수업 실천과 성찰을 경험하는 일은 그들이 사회과교육을 왜 해야 하며, 무엇을 어떻게 가르치는 것이 바람직한가를 확인할 소중한 기회이다. 일반적으로 초등학교에서의 역사수업은 사회 교과서에 기술된 역사적 사실에 기반하여 이루어진다. 초등에서의 역사수업의 목표는 사회과교육의 목적하에 존재하고, 역사에 대한 이해와 사고력을 중심으로 기술된다. 사회과교육에서의 역사수업은 초등학생이 역사 지식을 획득하도록 돕는 수업이라기보다는 역사에 대한 기본적인 이해를 토대로 학생들이 역사적 사고력을 발휘하며 역사에 대한 관점과 태도를 갖추도록 하는 수업이다(최용규 외, 2009, 20). 초등학생들은 역사 지식이 풍부하지 못할 뿐만 아니라, 역사적 사료를 분석하고 비판하는 능력도 부족하다. 초등에서의 역사교육은 이러한 학생의 지적 수준을 고려하여 설계하고 실행된다. 역사적 사실과 개념 자체를 강조하기보다는 이를 토대로 인간과 세계를 이해하도록 돕는 것이다. 즉 초등 역사수업은 학생들의 정서와 공감에 주목하여 역사적 사실과 역사적 상상력을 길러주는 수업을 지향한다. 이러한 입장에서 역사수업에 큰 영향을 미치는 것은 결국 교사 자신이다.

이 글은 예비교사가 초등학교 사회과교육에서의 역사수업을 구성하고 실행하는 과정에 나타난 수업 성찰에 주목함으로써 그들이 역사수업에서 무엇을 왜 어떻게 가르치고자 하며, 실제 역사수업을 실천해 봄으로써 초등 역사수업의 가치와 의미를 무엇으로 인식하게 되는지를 탐색한 글이다.

2. 예비교사의 '정몽주 살인 사건' 수업 성찰

가. 예비교사의 역사수업 안내

이 글의 중심이 되는 예비교사의 역사수업은 2018년 4월부터 6월까지 교육대학교 사회과교육 관련 강좌에서 시도한 사회과 역사수업 시연과 학교 현장에 나가 실제로 수행한 역사수업을 중심으로 기술되었다. 관련한 수업 구성과 실행 및 성찰 자료는 아래의 〈표 2-2-1〉과 같다. 본 예비교사의 수업 성찰 이야기는 예비교사의 1차 수업 구성과 1차 수업시연, 그리고 시연 과정에서의 성찰과 반성 및 그것을 거쳐 재구성한 2차 수업 구성과 2차 수업실행 과정, 그리고 2차 수업실행 후의 성찰을 중심으로 이루어졌다.

역사 수업팀은 역사적 사건의 핵심인 '건국' 관련 내용을 주제로 수업 차시를 선정, 수업지도안을 구성하고 실제 수업으로 실행하였다.[22] 역사 수업팀이 선정한 초등학교 5학년 사회 교과서 2단원은 '유교 문화가 발달한 조선'이며, 이에 해당하는 교육과정 성취기준은 '조선의 건국과 발전과정을 인물 이야기를 중심으로 이해하도록 유도한다. 특히 조선 건국의 과정을 이성계, 정몽주, 정도전 등을 중심으로 이해하도록 한다'로 기술되어 있다. 역사 수업팀은 성취기준과 관련한 역사 내용과 교수법적 지식을 기반으로 수업의 의도와 목표, 방법 등을 고려하여 1차 수업지도안을 완성하고 동료 예비교사를 대상으로 수업시연을 하였으며, 수업시연 과정과 이후의 성찰을 거쳐 2차 수업지도안을 재구성하였다. 이렇게 재구성된 지도안은 초등학교 5학년 학생들을 대상으로 실제 수업을 해보기 위하여 다시 수정과 보완을 거쳤으며, 2018년 6월 서울 소재 S 초등학교 5학년 학생을 대상으로 2차 수업을 실행하였다. 역사 수업팀은 1차 수업시연 전·중·후 및 2차 수업실행 전·중·후의 성찰 경험을 꾸준히 기록하였고, 1차 수업시연에 참여한 동료 예비교사의 일부로부터 수업비평 에세이를 제공받았다.

- 수업자 : C 교육대학교 3학년 예비교사 5명(이하 역사 수업팀)
- 대상수업 : '고려의 멸망과 조선의 건국' (2009 개정 국정 5학년 2학기 사회교과서)
- 수업 구성 및 실천 관련 분석 자료

〈표 1〉 수업 구성 및 실행 일정과 수업 성찰 및 분석 자료

관련 일시	수업 과정	수업 성찰 및 분석 자료
2018 4.15–4.25	1차 수업구성	2015 개정 사회과교육과정 및 5-2교과서 분석자료 1차 수업지도안
4.26	1차 수업시연	1차 수업시연용 수업자료 및 성찰기록물
4.26–4.30	1차 수업반성	1차 수업시연 후 성찰기록물
5.17	1차 동료비평	1차 수업시연에 대한 동료비평에세이
6.17–6.24	2차 수업구성	2차 수업실행을 위한 회의록 및 2차 수업지도안
6.26	2차 수업실행	2차 수업실천용 수업자료 및 성찰기록물
6.27–6.30	2차 수업반성	2차 수업실행 후 성찰기록물 및 최종 수업지도안

예비교사들은 수업을 설계하고 실행하는 과정을 겪으면서 역사를 배우는 입장에서 역사를 가르치는 입장으로 변화한다. 그들이 배운 역사적 사건과 달리 그들이 가르쳐야 하는 역사적 사건에는 가르침의 의미가 부여된 것이다. 역사적 사건을 이해하는 일에서 나아가 역사를 왜 가르치고 어떻게 가르쳐야 하는가를 고민한 그들의 이야기에 주목해야 하는 이유이다.

나. 1차 수업 구성에서의 성찰: 무엇을 어떻게 가르칠 것인가

역사 수업팀은 2015 개정 교육과정과 2009 개정 5학년 2학기 사회 교과서를 분석하고 1차 수업을 구상하였다. 그들이 대상으로 한 수업은 5학년 2학기 3단원 '유교 문화가 발달한 조선'의 1주제 '조선의 건국'과 관련된 1차시 '조선 건국의 과정'이다.

예비교사들은 관련 내용이 2009 개정 교육과정 5-6학년 군의 (5) '조선의 성립과 발전'에 제시된 성취기준 '조선을 건국한 세력들에 대하여 파악하고, 유교의 이념에 따라 조선의 통체 체제가 정비되었음을 이해한다'로 기술되어 있고, 교과서가 조선 건국의 과정을 신진사대부와 권문세족을 중심으로 다루고 있음을 확인하였다. 교과서 127-128쪽에는 해당 내용을 [그림 2-2-1]과 같이 제시하고 있다. 역사 수업팀은 교과서의 내용이 조선의 건국을 둘러싼 맥락을 축약하여 학생들의 이해를 어렵게 할 뿐만 아니라, 인물을 중심으로 사건의 흐름을 이해하도록 한 교육과정의 의도를 충실히 담지 못하고 있음을 비판하며, 학습목표를 '조선의 건국 과정을 주요 인물을 통하여 알 수 있다'로 정하였다.

[그림 2-2-1] 초등 사회교과서에 나타난 조선 건국 관련 내용(사회 5-2, 2015, 127-129)

우리 팀이 수업을 준비하며 우선 정해야 한다고 생각한 것은 어느 부분을 가르칠 것인가였다. 교육과정과 교과서를 분석해 보니, 교과서에서는 고려의 멸망과 조선 건국 사건의 틈이 너무도 컸다. 교과서대로 학습할 경우 전 차시까지 아이들이 배웠던 '고려문화의 우수성'과 본 차시 '새로 건국된 조선'은 매끄럽게 연결되기 어렵다. 아이들은 왜 고려가 멸망할 수밖에 없었고 조선이라는 나라가 어떠한 과정으로 건국되었으며 조선 건국이 지니는 의의는 무엇인지 제대로 배울 수 없다고 판단했다.

그들은 고려의 멸망과 조선의 건국 사이에 존재하는 시간적 흐름을 이해시키는 수업을 하고 싶어 했으며, 그것을 가능하게 하는 수업 방법을 생각한 후, 어떤 인물을 통하여 고려 멸망과 조선 건국의 어떤 과정을 수업에서 활용할지 다시 고민하기 시작하였다.

> 무엇을 가르칠 것인가를 정하고 나자 이제 '어떻게 가르칠 것인가'가 고민이었다. 우리는 학생들의 흥미와 재미를 유도하고, 창의성을 길러주고 싶었다. ....(중략)... 준혁이가 제시한 아이디어는 바로 '탐정 추리'였다. '정몽주의 선죽교 살인사건'을 중심으로 당시 사람들의 관계를 살피면서 아이들 스스로 그 시대의 상황과 흐름을 파악하여 범인을 추론하도록 유도하는 방식이다. 우리 팀은 이 소재가 흥미는 물론 학생들의 추리를 중심으로 진행하면 몰입이 가능하다고 믿고 만장일치로 찬성하였다.

수업팀은 정몽주를 중심으로 한 선죽교 이야기를 통하여 학생들이 역사 수업에 흥미를 가지고 역사 추론능력도 기를 수 있기를 기대하며 수업 내용과 방법을 선정하였다. 역사수업이 사실을 중심으로 사건의 흐름을 이해시키는 것임을 유지하면서도 사실을 주입하고 기억하는 역사수업이 되지 않도록 조치한 것이다. 그들은 여기서 나아가 왜 이렇게 가르치길 바라는가 대한 의문을 중심으로 팀원 간의 이야기를 나누었다. 교사 개인의 입장을 옹호하는 과정에서 집단 지성을 통한 교육적 합의의 과정으로 변화한 것이다.

> 💬
> …이것으로 끝날 줄 알았지만 우리는 다시 주춤하였다. 바로 'why?' 때문이었다. 탐정 추리를 하기로 결정하고 나자, '그래서 뭐?, 아이들이 범인을 찾고 나면 어떻게 할 건데?, 이걸 왜 하는 거야?'라는 말들이 조원 사이에서 나왔다. 그 순간 우린 다시 고민에 빠졌고 사회과교육, 그중에서도 역사교육의 의미에 대해 다시 생각하게 되었다. 이 질문은 역사교육의 목적에 대한 합의가 필요하다는 뜻과 같았다.

다. 1차 수업 구성의 목적: 왜 그렇게 가르쳐야 하는가

추리를 한다는 것은 역사교육과 어떤 관계가 있을까? 역사 추리와 역사적 사실의 관계는 역사교육의 목적을 통하여 이해할 수 있다. 역사교육의 목적은 역사적 사실에 대한 이해와 더불어 역사적 사고와 관점의 획득에 있다. 역사적 사고란 민주시민이 지녀야 할 비판적 사고와 합리적 판단의 근본을 형성하는 데 기여한다. 수업을 구성하던 예비교사들은 조선 건국의 과정을 사실에 근거하여 이해하는 일과 그것을 역사적으로 사고하는 일의 관계가 모호하다는 점을 파악하였다. 사실을 이해하는 방식으로 내러티브를 구성하여 가르치는 일이 과연 긍정적인 것인가를 의심하는 것이다. 그들의 수업이야기에는 사실과 재현의 관계를 어떻게 설정해야 하는가에 대한 성찰이 담겨 있다.

> ....역사교육의 목적은 역사적 사고와 관점을 가짐으로써 시민으로서의 '비판적 사고, 합리적 판단 및 의사결정'을 가능하도록 하는 것이다. 이 입장에서 우리의 수업인 '탐정추리' 수업은 아이들이 그 시대의 상황을 파악하고 인물 간의 관계를 이해하면서 자연스럽게 인물의 입장과 심리에 공감 혹은 부정하는 수업이 될 것이다. 그러나 여기서 학습을 그치게 된다면 학생 자신이 어떠한 생각과 판단을 하였는지 확실히 느낄 수 없을 것 같았다. 그래서 우리는 두 번째 활동에서 '만약 자신이 이방원이라면 어떻게 행동했을까? 과연 정몽주를 죽였을까, 아니면 다른 방법을 모색했을까? 왜 그렇게 하였을까?' 라는 질문을 제시하여 글을 써보게 하기로 했다. 이 활동은 아이들이 자신의 생각을 드러내고, 자신이 어떠한 가치관을 갖고 있는지, 그리고 다른 친구들의 생각은 무엇인지 비교할 수 있을 것이다.

수업팀은 역사수업의 목적을 재확인함으로써 새로운 수업 활동을 추가하였다. 역사학습에서 강조하는 추체험과 역사적 사고력을 중심으로 지금의 우리가 그 당시의 우리가 되어 보는 활동을 시도함으로써 시공간의 차이에 따른 인간의 삶을 추론하고 그에 적합한 판단을 내리는 사고 과정을 겪어보도록 한 것이다. 수업은 내용과 방법으로 이루어지지만, 그 방향은 언제나 교육의 목적을 겨냥해야 함을 간과하지 않은 것이다. 개략적인 수업의 흐름이 만들어지자, 그들은 지도안을 구성하면서 필요한 발문과 자료 선택에 좀 더욱 신중해졌다.

> 준혁이는 활동 1과 활동 2가 자연스럽다고 말하면서도 발문은 다시 생각해 보면 좋

겠다고 하였다. 우리는 이방원이라는 인물에만 한정하여 발문하기보다는 '온건개혁파와 급진개혁파' 두 가지 중 아이들이 한 가지를 선택하여 그 입장에서 글을 써보는 것이 좋겠다고 결정하고 발문을 바꾸기로 하였다. 이 발문이 좀 더 자신의 의견을 표명하는 데 수월할 수도 있고, ...(중략)... 결론은 '만약 내가 그 시대 사람이라면 나는 온건개혁파였을까요, 급진개혁파였을까요? 왜 그렇게 생각했나요?'로 변경되었다.

주요 발문과 자료 선택이 마무리되자 역사 수업팀은 이를 중심으로 수업지도안을 정리하고 수업에 사용할 학습지와 PPT자료를 제작하였다.

> ...앞선 수업계획 과정은 매우 어렵고 부담 또한 컸다. 그러나 수업 구성을 끝내고 인물들의 대사를 만드는 과정에서는 지수와 준혁이 특유의 유머와 재치 넉분에 즐거운 작업이 되었다. 우리는 재미있는 구어체를 만들기도 하고 사극 드라마에서나 들을 수 있을 법한 실감나는 대사들을 적고 연기해 보면서 늦은 밤까지 수업 준비의 즐거움을 느낄 수 있었다.

역사 수업팀은 수업의 주요 내용과 방법을 결정한 후에도 대화를 통하여 새로운 아이디어를 추가해 나갔다. 수업에 대한 고민은 이러한 과정을 거쳐 조금씩 해결되었고 자료와 발문도 흐름을 찾아 정리되었으며 활동자료 또한 이를 중심으로 만들어졌다.

예비교사의 역사수업 구성과정에는 수업 내용 간의 흐름과 사건의 의미, 학습자의 흥미와 재미를 유도하는 법, 역사수업의 목적에 대한 합의 등이 남겨 있다. 그들은 조선 건국을 둘러싼 사건과 사건의 흐름을 역사적 배경과 인물의 입장에서 자연스럽게 이해하면서도 역사수업의 목적과 학습의 흥미를 놓치지 않는 수업을 좋은 역사수업으로 상정하고 있다. 이러한 역사수업을 위하여 '정몽주 살인사건'을 구안했고 이 사건을 학생들이 문제로 인식하며 해결해 나가기를 기대하고 '탐정 추리 방식'의 수업을 구상하였다. 그들은 조선 건국의 과정을 둘러싼 정몽주와 이방원, 그리고 이성계의 관계를 공부하고 그 내용을 수업자료로 활용하였다.

교과서에 재현된 조선 건국의 과정은 당시의 인물, 특히 정몽주를 둘러싼 여러 인물 간의 관계를 중심으로 하는 교사의 역사이야기로 재현되어 있다. 교과서에 제시된 역사학습의 내용은 역사적 사실을 설명하는 데 그치고 있지만, 예비교사가 재현한 역사수업은 조선 건국을 둘러싼 역사적 사실을 재현한 예비교사의 역사, 건국을 둘러싼 당시의 상황을 새롭게 각색한 이야기 중심의 역사수업으로 변화하였다. 예비교사들은 수업의 도입과 전개에 필요한 촘촘한 역사 스토리와 관련 발문, 그리고 역사적 배경을 시각적 자료로 제공하여 학생들이 해당 사건으로 들어가 몰두하길 바랐으며, 그 과정을 통하여 학생 스스로 당시의 인물이 되어볼 수 있기를 기대하였다. 이것은 역사적 사실에 근거하여 시대와 인간의 삶을 이해하고 자신의 행위를 반추해 보고자 한 그들의 역사수업, 그 목적을 겨냥한 수업 구성이었다.

라. 1차 수업시연에서의 성찰: 충분히 사건을 이해하였는가

수업 구성을 마친 예비교사들은 동료 예비교사들을 대상으로 1차 수업시연을 진행하였다. 물론 1차 수업시연은 실제 초등학교에서의 수업과 다르다. 예비교사 스스로 초등학생이 되어 적절한 반응을 한다는 점에서 가상의 상황과 가상의 답변일 수밖에 없다. 그럼에도 불구하고 수업을 실행하는 역사 수업팀은 자신들이 구상한 수업 내용과 방법의 효과성을 일차적으로 판단할 기회를 가질 수 있다. 학습자에 대한 직접 체험은 불가능하지만, 수업에 대한 전반적인 구현과 그에 따른 새로운 판단은 가능하다.

(1) 역사수업에서의 내러티브, 스토리와 담화의 조율

> 수업시연은 지수가 하였다. 지수는 지도안을 보지 않고도 특유의 유머러스함을 바탕으로 재미있게 활동을 진행하였고 동료 학생들도 적극적으로 반응해 주었다. 살인사건 현장을 PPT로 보여주자 학생들은 끔찍한 살인사건으로 금방 초대되었다. 누가 정몽주를 죽였을까?라는 물음에서 많은 학생들이 이방원의 집을 주목하였고 살인범이 이방원인지 혹은 이방원의 하인인지에 초점을 두었다. 수업은 무난하게 흘러갔지만, 수업을 경청한 우리팀은 여전히 긴장했다. ...(중략)... 그럼에도 불구하고 우리팀의 수업 구성은 몇 가지 문제점이 있었다.

역사 수업팀은 교사의 수업 스타일이 수업에 미치는 영향을 이해하게 되었다. 역사수업에서 사건과 사건의 흐름, 특히 인물을 중심으로 재현되는 사건의 흐름은 내러티브적일 수밖에 없다. 역사는 곧 내러티브라고 부를 만큼 역사수업에서 교사가 이끌어가는 이야기의 흐름은 강력하다. 역사적 내러티브는 사실과 허구의 조합이다. 그것은 교과서나 역사 사료와 같은 비허구적 자료와 이야기나 전기와 같은 허구적 자료를 토대로 만들어진 것이다. 예비교사의 살인사건 이야기는 실제로 어떻게 정몽주가 죽임을 당했는지를 정확한 사료에 근거하여 기술한 것은 아니지만, 과거의 삶과 문화에 비추어 혹은 현재와의 비교를 통하여 학생들이 사건을 형상화할 수 있도록 하였기에 교과서보다 강력한 메시지를 담아낸다. 교과서가 제공하는 설명보다는 예비교사의 이야기가 힘을 얻는 이유이다.

교사의 역사이야기를 중심으로 수업을 이끌어간 지수는 자신의 장점인 유머러스와 에너지를 발휘하며 탐정 추리 이야기에 학생들이 몰입하도록 만들었다. 역사수업에서는 흥미진진한 이야기(story) 자체 못지않게 교사의 이야기 성향이나 태도, 행위와 어조 또한 실감나는 내러티브를 만들어가는 요소인 것이다. 수업은 흥미롭게 진행되었지만 역사 수업팀의 성찰은 멈추지 않았다. 그들이 반추한 수업의 문제는 무엇일까?

(2) 역사적 사실과 역사적 사고력의 조율

> 첫 번째는 학생들이 제대로 학습할 수 있었는가에 대한 것이다. 탐정 추리 중간중간 개념에 대해 설명해 주고, 학습지를 활용하면 아이들이 충분히 역사적 사건과 개념에 대해 이해할 것이라고 생각했다. 그러나 너무 많은 역사적 용어를 알려주고, 이야기와 설명을 섞어서 사용하는 수업을 구성했기 때문에 역사 지식이 부족한 학생들은 제대로 사건을 파악하지 못한 듯하였다. 흐름은 자연스러웠을지 모르나, 학생들이 역사적 사건과 용어를 이해하고 바라보는 데에는 혼란을 줄 수 있다.

예비교사들은 좋은 수업의 유형으로 학생들이 정확하게 이해하는 역사를 들었다. 그들은 사실을 증명하는 역사적 사건과 용어를 설명함으로써 정확한 이해를 시도하였지만 흥미로운 이야기 방식과 설명이 번복됨으로써 학생들이 오히려 사건과 용어를 이해하지 못하였음을 느낀 것이다. 그들은 역사수업에서 사실을 온전히 가르치는 일과 학습자를 온전히 인정하는 일을 동시에 고려하는 것에 대하여 고민하였다.

두 번째 문제는 수업자가 학생들의 질문에 명쾌히 설명해 주지 못한 것이다. 학생들이 궁금해 하는 역사 지식이나 해당 사건의 맥락을 질문을 하였을 때 지수는 지도안의 활동 순서에 따라 수업을 진행하는 데 초점을 두었기에, 질문에 대한 답은 간략히 되묻고 지나갔다. 우리팀이 공부한 역사지식을 동원하여 답을 하기에는 시간이 허락하지 않을 것을 염려한 것도 있었다.

교사는 역사가가 아니다. 그러나 학생의 질문에 대한 대답은 교육적으로 매우 중요하다. 역사교육의 내용은 역사적 사실에 기초하고 역사수업에서 나타나는 학생의 질문은 역사적 사실에 대한 호기심으로부터 유발된다. 수업자는 역사적 사실을 설명하는 일보다 역사수업의 목적이나 수업시간을 고려하였다. 그러나 학교 역사수업에서 제기되는 많은 질문에 대한 응답은 교사의 역사지식과 관련된 경우가 다수이다. 이때 교사는 어느 수준의 어떤 범위까지 역사적 지식을 갖추어야 하는가의 문제와 마주한다. 역사수업에서 제기되는 질문에 대하여 교사는 어떤 질문을 어떻게 대응, 혹은 설명할 것인지 깊이 고려할 필요가 있는 것이다. 역사수업은 교사의 역사지식과 역사교육의 목적이 긴밀하고도 균형있게 연계된 수업이다.

(3) 발문과 의문의 지속, 교사와 학생이 공존하는 수업

그러나 우리의 수업은 인정할 만한 수업이다. 우리가 의도한 대로 아이들의 흥미를 끌 수 있었고 구리리는 신선함을 유지하였다. 또한 활동 1과 활동 2의 연계성, 그리고 교사와 학생이 동시에 공존하는 수업이었다. 수업 후 동료늘은 남정 주리라는 수업 소재와 방식의 신선함을 칭찬해 주었다...(생략)...

예비교사들은 탐정 추리 방식의 역사수업이 주는 장점이 충분하다고 인정한다. 그들에게 이 수업은 역사적 사실을 설명하고 이해시키는 수업이 아니라, 사건을 재현한 이야기를 중심으로 학생들이 문제를 인식하고 질문에 답하며 역사적 추론능력을 키워 가는 수업이다. 그들에게는 이론과 실천을 넘나들며 만든 최초의 수업인 셈이다.

개인적으로 이 장면을 기억한다. 우리는 활동 2를 구성하면서 학생들이 자신의 의견을 자유롭게 발표하는 것만을 예상했다. 그러나 학생들은 여기서 나아가 다른 친구들의 생각에 반론과 의문을 제기하는 등 스스로 능동적인 수업을 만들어 내고 있었다.... 대부분의 수업이 한 학생의 발표와 교사의 응대로 진행되는 걸 보았기에 이 광경은 생경했다...(중략)... 우리가 구성한 이 수업에 참여한 학생들이 자신도 모르는 사이 깊이 참여하는 광경이 자랑스럽고 뿌듯했다.

역사 수업팀은 질문과 대답으로 이루어지는 전통적인 수업 방식이 학생 간의 활발한 발문과 의문으로 바뀌는 것에 경탄한다. 이것을 통하여 그들은 좋은 수업이 교사의 설계와 노력만으로 이루어지는 것이 아님을 깨달았다. 좋은 수업은 교사의 노력에서 나아가 학생 상호 간의 소통과 토론이 저절로 이루어지는 수업임을 인정하는 것이다. 그들의 1차 수업은 역사수업의 내용과 방식뿐 아니라 교사가 중요한 이야기 주체이며 역사수업이 곧 내러티브 자체임을 알게 하였다. 또한, 사실에 대한 설명과 역사적 추론의 관계를 설정하기 어렵다는 점과 활동 간의 흐름이 중요한 점, 그리고 교사와 학생이 공존하는 수업의 가치를 이해하였다.

예비교사들은 동료를 대상으로 하는 1차 수업 시연을 통하여 역사수업이 주제에 대한 질문을 멈추지 않는 과정이었음과 역사수업은 곧 교사와 학생의 역사해석 과정이기에 내러티브적 접근이 필요함을 깨닫는다. 그들은 역사적 사건 속에 우리가 알지 못하는 불분명한 사실이 여전히 존재하고 학생들의 사전지식에 차이가 있을 경우 큰 어려움을 겪을 수 있다는 점, 그리고 교사가 그러한 수준 차이를 인정하고 새로운 수업방식을 준비해야 함을 깨달았다.

마. 2차 수업구성에서의 성찰: 학생의 수준과 흥미, 어떻게 진단할 것인가

1차 수업설계와 수업시연을 경험한 역사 수업팀은 실제 초등학교에서 자신들이 만든 수업을 다시 실행해 보기로 하고 두 번째 수업설계를 시도하였다.

(1) 역사에 대한 학습자의 수준과 흥미 고려

종강을 하고 오랜만에 모였다. ...(중략)... 지난 달 실천한 역사수업은 나름 잘한 수업으로 기억되지만, 그 수업은 실제 5학년 학생들이 부재했다... 교수님은 수업을 진행할 학급과 아이들의 특징을 전해주셨다....한번도 보지 못한 학생들과 과연 호흡이 가능할까? 갑자기 많은 고민이 생겨나기 시작했다. ...(중략)... '역사에 관심이 없다면 정몽주의 무엇을 어떻게 가르쳐야 하지?', '선죽교 사진을 보고 학생들은 무엇을 알고 싶을까, 흥미는 가질까?', '많은 역사 용어는 또 어떻게 가르쳐야 할지?', '학생 중 역사를 잘 아는 학생이 있다는데 이 학생 때문에 우리 수업을 망치게 되면?' 등 많은 고민으로 마음이 무거웠다...

예비교사들은 학교에서 만날 학생들의 수준과 흥미, 그리고 역사에 대한 그들의 관심과 반응을 함께 고민하며 다시 수업을 계획하였다.

...도입 부분, 처음 만난 아이들이 우리를 경계할 것을 염려하고, 수업 집중이나 참여가 낮을 것에 대비한 사전활동을 갖기로 했다. 고민 끝에 우리는 아이들과 친해지면서도 수업 내용과 연관된 활동을 하기로 하고 역사 낱말 퀴즈 활동을 구상하였다. ....그러나 이 활동도 최종 수업 과정에서 삭제하였다. 문제를 내는 것도 푸는 것도 쉽지 않을 것이라고 생각되었다. 아이들의 수준도 모른 채 용어를 알게 하는 것은 지루하고 진부할 확률이 높았다.... 아이들이 어려움을 느끼는 것보다는 원래의 도입 내용이었던 선죽교 사진을 바로 보여주고 흥미로운 발문으로 시작하는 것이 더 나을 것이라 판단하였다. ....

예비교사들이 가장 고민한 것은 학습자에 대한 이해에 있었다. 학습자의 지식과 역사에 대한 흥미, 교실이라는 낯선 환경에 대한 두려움 등 예비교사들이 고민한 부분은 매우 다양하였다. 예비교사는 역사학습의 내용과 방법에 대한 성찰에서 나아가 학습자와 관계 맺는 역사수업, 학습의 상황과 학생의 다양성 등을 인지한 것이다. 새롭고 낯선 세계에서 그들은 자료와 그에 따른 발문에 의존하여 수업을 하기로 하였다.

(2) 역사적 사건을 이해하는 일이 곧 학생의 가치 판단에 주목하는 일

다음에는 정몽주라는 인물에 대한 설명을 시작으로 전체적인 용어 변경에 집중하였다. 정몽주를 설명하는 어휘를 쉽게 수정하였고, 중심 용어(신진사대부, 권문세족, 온건개혁파, 급진개혁파, 신흥무인세력 등)를 학생들이 흥미로워 하는 용어로 변경하였다. 용어에 대한 부담을 막고 사건의 흐름에 주목하도록 유도하는 것이다...(중략)... 아이디어가 많은 지수와 팀원 덕분에 부패고려파, 조선찬성파, 고려유지파와 같이 쉽게 의미를 이해할 수 있는 새로운 용어가 정해졌다. 우리가 정한 용어는 '권문세족=고(려)부(패)(쓰레)기, 신진사대부=파(멸한 고려를)이(렇게 놔둘 수 없다)리, 급진개혁파=나라 바꿔파, 온건개혁파=나라 지켜파, 신흥무인세력=조(선)벤져스'였다.

예비교사들은 역사 용어보다는 교육과정 성취기준에 제시한 사건의 흐름에 주목하여 수업을 구성하기로 결정한다. 교과서 속 역사 용어는 초등학교 학생들에게 생소하다. 교과서에는 신진사대부나 권문세족의 뜻을 별도로 풀이하고 있지만 내용이 쉽지 않다고 보았다. 예비교사들은 이러한 난해함에서 벗어나 조선 건국과 관련한 세력의 의미를 드러내는 특별한 용어를 만들었다. 역사수업에서 교사는 아이들에게 생소한 용어를 그들의 방식으로 변형하여 활용해도 되는지에 대한 고민이 필요하다. 교과서와 수업의 차이에서 드러나는 문제이다.

> 이를 바탕으로 수업용 ppt 용어를 수정한 후 세력 관계도를 다시 제작하였다. …구체적 연도 중심 설명 생략, 과전법 내용 삭제, 시대 순서와 관련한 빈칸 삭제 등… 좀 더 개괄적으로 쉽게 인물의 관계도를 만들어 당시의 세력 관계를 아이들이 한눈에 이해하고 역사적 흐름을 파악할 수 있기를 기대하였다. …또한 수업의 완성도를 높이기 위해 몇몇 ppt를 추가 구성하였다. …① 추리 말미에 하인들의 대사를 수정, 추가하여 학습자가 범인을 찾는데 좀 더 추론하여 인물에 대한 공감을 키우도록 하기 ② 활동 2에서 목은의 편지를 추가하여 또 다른 시선에서 사건을 바라보고 그 전말을 다양하게 생각하며 자신의 가치관을 점검하기, 또한 사건의 전말을 정확히 알았을 때, 자신의 입장과 다른 친구의 입장 차이 느끼기, ③ 수업 마무리는 수업자의 가치와 자율성을 존중하여 합의보다는 수업자의 의견을 따른다 등이다.

예비교사들은 좀 더 과감하게 기존의 수업지도안을 수정한다. 학생들이 어려워할 설명을 삭제하고 범인에 대한 추론이 다양해지도록 새로운 인물과 사료도 추가한다. 사건의 전말을 안다고 해도 그 입장을 이해하는 과정에 초점을 두기 위해 활동 2를 '내가 그 시대를 살아가는 인물이라면 나는 온건개혁파였을까 급진개혁파였을까?'를 생각해 보도록 하였다. 이것은 정몽주를 죽인 범인을 찾는 기존 수업에서, 관련 사건에 대한 학생의 입장과 가치를 보다 강화한 것이다. 또한, 수업의 대부분을 팀원 간의 합의로 구성하였지만 수업 마무리는 수업자의 자율성을 존중해주고자 하였는데, 이는 역사적 사실에 주목하는 일반적인 수업방식에서 탈피, 수업자의 교육적 가치를 존중하는 역사수업에 의미를 부여한 것이다.

역사 수업팀의 2차 수업은 학생의 흥미와 참여를 중심으로 학습문제의 확인과 문제해결 과정을 사건 발생과 사건 해결을 위한 탐색 과정으로 구성한 것으로 학생과 수업자가 자신의 가치관을 표현하는 단계까지 나아가길 바라는 수업이었다. 이 수업을 위하여 예비교사들은 학생의 상상력을 적극 활용하는 대신 교사의 지나친 설명을 자제하기로 하였다.

바. 2차 수업실행에서의 성찰: 무엇이 우리를 긴장하게 하는가

수업 준비가 마무리된 후 역사 수업팀은 서울 S초등학교 5학년 학생들을 대상으로 두 번째 수업을 실행하였다. 수업 실천에서 나타난 그들의 성찰을 확인해 보기로 한다.

(1) 낯선 교실과 예상치 못한 반응, 긴장의 연속

우리는 수업자인 지수가 특유의 유머러스함과 재미로움을 초등학생들에게 마음껏 발산하기를 기대하였다. 그러나 수업을 시작한 지 얼마 지나지 않아 우려한 일이 일어났다. 지수가 너무 긴장한 나머지 평소의 능청스러움과 유머러스함이 나타나지 않았던 것이다. 아이들은 우리가 낯설었는지, 설명이 많아진 지수의 말에 편하게 반응하지 못하는 듯했다. 지수의 수업은 시간이 갈수록 점점 더 부자연스러워졌다… 거기다 녹음 자료로 준비해 간 인물의 대화조차 재생되지 않았다. 우리는 가슴이 철렁 내려앉았다. 다행히 지수가 우리 쪽을 보고 '저기 계신 선생님들이 인물이 되어 이야기를 들려주실 거예요'라고 하였다. 우리의 대화를 듣고 아이들은 흥미를 느꼈는지 잠시 화면에 집중하거나 미소를 지었다. 지수의 임기응변으로 이 부분은 잘 진행되는 듯 했으나, 수업의 부자연스러움은 여전히 사라지지 않았다. 학생들의 대답에는 '네. 그래요.'라는 말로 일관했고, 함께 즐기고자 한 우리의 수업은 사라졌다. 애써 준비한 탐정 추리 활동은 15분 만에 끝나버렸다.

예비교사의 초등학교 수업은 교사의 긴장과 부자연스러움이 가득한 수업이었다. 오랜 고민과 협의로 만들어진 탐정 추리 방식의 수업은 도입부터 차질이 생겼다. 정몽주 죽음을 둘러싼 교사와 학생의 대화는 물론 학생의 추리 또한 허무하게 무너진 것이다. 수업을 준비한 팀원들은 그들이 수업에서 무엇을 왜 가르쳐야 하는가를 분명히 알고 있었음에도, 낯선 환경과 생각지 못한 학생 반응으로 인해 긴장과 두려움에 점철되었다. 이 분위기는 수업의 내용과 방식 또한 부자연스럽게 만들어버렸다. 그들은 학생의 감정 상태와 교사의 정서, 그리고 상황에 대한 유연한 사고가 수업에서 매우 큰 영향을 미치고 있음을 깨달았다.

(2) 활동 간의 맥락적 이해 부족, 학생 성향에 대한 분석 필요

남은 활동은 학생들이 그 시대에 살았던 사람이라면 온건개혁파와 급진개혁파 중 어떤 입장이었겠는가를 중심으로 이루어지는 활동이다. 이 활동은 선생님의 피드백이 중요하다. 지수는 학습지를 나누어주며 우리에게 '몰라, 언니, 어떡해, 아무것도 모르겠어.' 긴장한 기색이 역력한 지수의 말을 듣고 나는 지수를 대신하여 이 수업을 진행하기로 하였다.

지수의 긴장과 두려움은 결국 지원이가 수업을 대신 진행하는 상황으로 변하였다. 제한된 시간 내에 수업의 마지막 활동을 살리려는 의도였다. 그 시대를 살았던 사람이 되어 자신의 생각과 행동을 판단하는 활동 2는 역사적 사고력을 길러주는 의미있는 활동이어야 한다.

> 나는 '지수가 활동 설명을 잘 해주었으니 무조건 피드백을 잘하고 아이들이 의견을 많이 내도록 하져 수업 시간을 채우자'라는 생각을 했다. 그러나 직접 수업을 해보니 생각보다 쉽지 않았다. '목은의 편지'를 보여주기 전(지수의 수업) 아이들의 의견은 대부분 '나라바꿔파'를 선호하였다. 생각보다 아이들의 의견이 나뉘지 않았던 것이다. 편지를 보여주고 나서도 쉽사리 바뀌지 않았다...(중략)...나라바꿔파를 선택한 학생들의 성향이 다른 입장보다 활발하게 참여하고 적극적으로 의견을 제시하였다. ...(중략)...나라바꿔파와 나라지켜파에 대한 갈등이 부재한 수업이 되어 버렸다.

이 활동에서의 문제는 첫 번째 활동을 통해 충분히 인지했어야 할 당시의 상황과 인물의 행위를 학생들이 충분히 이해하지 못하였다는 점이다. 따라서 학생이 자신의 의견을 개진하는 일도 어려웠다. 급진개혁파의 입장을 지지하는 학생들의 적극적인 의견 개진으로 인하여 목은의 편지는 반대파의 자료 구실을 하지 못하였다. 두 번째 수업자인 지원이는 나라지켜파와 나라바꿔파의 입장이 동등하게 진행되거나, 그 이유를 적절하게 제시하길 바랐으나 그렇지 못하였다. 예비교사 지원이가 생각하는 좋은 수업은 교사와 학생이 공존하는 살아있는 수업, 역사적 쟁점에 대해 각자의 입장을 개진하는 수업이었으나 모두 실현되지 못하였다.

(3) 학습자의 다양한 지적 수준에 대한 유연한 대응 부족

> 우리는 학생들이 '선죽교 다리'에 대해 아무것도 모를 것이라고 예상했다. 그런데 몇 몇 아이들은 사진을 보자마자 '어, 선죽교! 정몽주, 정몽주! 이방원이 죽였어!'라고 말했다. 매우 당황스러웠다. 이미 알고 있는 사실로 변한 순간, 우리는 재미없는 수업이 될까 봐 염려하는 입장이 되었다. 마지막까지 다행히 아이들이 잘 따라와 주었지만 아이들 수준을 너무 낮게 보지 않았어야 함을 깨달았다. 역사에 대해 배우지 않았다 하여 아이들이 아무것도 모를 것이라는 오해는 버려야 한다.

예비교사의 두 번째 수업은 그들 스스로의 판단으로는 실패였다. 그들의 수업에는 초등학교 5학년 학생들이 존재하였고 이것은 1차 수업과 다른 결과를 가져왔다. 정몽주와 선죽교의 관계를 알고 있거나, 역사에 대한 지적 수준이 높은 학생들이 있다는 점에 대한 유연한 대응이 부족하였다.

> 역사적 지식이 많지 않더라도 기본적으로 아이들의 지적 수준이 높을 수 있다는 것을 알았다. 한 여자아이는 수업 후 '선생님들은 온건개혁파와 급진개혁파 중에 어떤 쪽을 선택하시나요?'라는 질문을 했는데 나는 기존에 있는 걸 없애기보다 고쳐나가는 게 백성들에게 더 좋은 것 같다', '망친 것을 고치는 것보다는 새로 시작하는 게 더 낫다' 등과 같은 수준으로 대답을 하였지만, 준혁이는 역사적 사실을 자세히 설명하면서 자신의 의견을 구체적으로 답하였다. 어려운 용어가 많았음에도 질문한 여자아이의 표정은 반짝거렸고, 매우 만족스럽다는 고개짓을 하였다. 학생들은 충

분히 깊은 사고를 할 줄 알기에 절대로 얕봐서는 안 되는 것이었다.

질문에 당황한 건 오히려 수업팀이었다. 2차 수업은 통하여 예비교사들은 역사적 지식을 많이 알고 있는지의 여부보다는 학생들이 어떤 수준에서 어떤 부분에 더욱 관심을 갖는지를 잘 알고 있어야 한다고 믿게 되었다.

수업 후 홀가분함과 공허함이 동시에 남았다. 대학에서 발표할 때처럼 성공적일 거라는 믿음은 착각이었다. 아이들과 함께 수업을 만들지도 못했고, 소통도 별로 없었으며, 활동 시간 배분 또한 제대로 하지 못했다. 부족한 것이 너무 많은 수업이었다. ...(중략)... 수업 시연과 현장 수업은 무척 달랐다.

예비교사의 1차 수업시연은 그들이 만족하는 수업이었으나, 2차 교실수업은 두려움과 긴장이 점철된 수업이었다. 그들은 수업을 통하여 역사적 사건의 의미와 가치를 찾고자 하였지만, 낯선 환경과 학생의 반응, 그리고 빠른 수업 전개 등으로 인하여 내러티브적 수업이 지속되지 못하였다. 수업은 결국 학생의 반응이나 의심, 그리고 상상과 질문이 사라진 채 교사의 설명이 중심에 위치한 수업으로 변질되었다.

3. 예비교사의 '정몽주 살인 사건' 수업 성찰의 의미

가. 좋은 수업의 조건, 교사와 학생의 정서적 유대감

2차 수업 실행에서 수업자는 낯선 교실, 낯선 학생들과 긴장과 두려움으로 수업을 마무리하였다. 그들이 설계하였던 내러티브적 수업은 사건을 빠르게 설명하는 수업, 학생의 질문에 대응하지 못한 불편한 수업이 되었다. 그들은 좋은 수업이 학생의 지적 수준에 대한 교사의 정확한 판단과 더불어, 교사와 학생 간의 정서적 유대감으로 이루어진다는 사실을 깨닫게 된 것이다.

예비교사들은 교실수업을 실천한 후 학생 중심 수업에 대한 문제의식이 생겼다. 그들은 교사의 철저한 수업 준비가 곧 학생 중심의 수업을 실천할 수 있는 최선의 조건으로 생각해왔다. 그러나 교실수업 이후 학생 중심 수업은 교사와 호흡하는 학생이 있어야 함을 확인한 것이다. 학생을 대하는 교사의 긴장이나 두려움이 학생의 반응에 기인하였듯이, 학생 또한 낯선 교사의 질문을 마주해야 하는 긴장과 두려움이 있는 것이다. 가르치고 배우는 일은 목표를 향하기 이전, 교사와 학생의 관계에서 이미 시작되고 있다. 수업에는 교사와 학생의 정서가 존재하며, 예비교사의 수업을 이해하는 일은 그러한 정서의 특별한 의미를 확인하는 일과 관계된다.

❝

수업 시연과 교실 수업 실행은 수업 구성과 행위에 있어서 공통점이 있다. 그것은 바로 부담감이라는 것이다. …(중략)… 그럼에도 두 수업에는 미묘한 차이가 존재한다. 그것은 '학생의 존재와 학생의 수준 그리고 교사의 학생 이해'에서 비롯된다. 강의실에서 시연한 첫 번째 수업 대상자와 달리 학교에서의 대상자는 초등학생이다. 우리는 사실 초등학생의 역사 지식 수준이 어느 정도인지 모른다. 실제로 교직 경험을 해보지 않은 우리는 수업 구성부터 고민에 빠졌다.

예비교사들이 교실수업 후 알게 된 것은 학습자를 단순히 몇 가지의 수준으로 이해하지 않아야 한다는 것이며, 이에 대한 판단과 대응 또한 적절해야 수업을 이끌 수 있다는 점이다.

그들이 마주한 교실 속 학습자를 통하여 예비교사는 수업 속의 교사가 어떤 존재인지, 교사가 구성한 수업대로 수업을 진행하는 일이 학습자에게 어떤 의미인지를 확인할 수 있다. 수업을 구성한 대로 실천하는 일은 만족하는 수업이라기보다는 학습자를 수동적으로 만들 여지가 있는 수업이며, 따라서 교사는 수업에서의 학습자를 민감하게 살피고 응대하는 유연함을 갖추어야 한다는 것이다. 교사가 수업을 이끌어가는 힘은 곧 학습자 개개인에 대한 이해와 그에 적절한 반응, 그리고 수준에 적합한 대응으로 수업의 속도와 균형감을 조절할 수 있을 때 드러난다.

> .....첫 만남은 긴장되고 어려웠다. 일단 학생들 앞에 서니, 교실의 풍경이 내 눈에 다 들어왔다. 어쩐지 어깨가 움츠려지는 분위기였고, 나를 모르는 학생들과 내가 모르는 학생과의 수업을 상상하는 것도 어려웠다. 학생들의 표정, 학생 수, 모니터의 위치, 칠판과 교탁의 위치, 선생님의 위치 등 불확실한 상황에서 마음잡기가 쉽지 않았다. ...(중략)... 동시에 아이들의 경계? 혹은 호기심 어린 눈동자들 속에서 나는 그야말로 교실 속 물건과 유사했다..... 수업이 시작된 직후, 평범한 대학생인 나는, 알 수 없는 초등학생의 존엄함에 짓눌려 있었다. 무언가 신성하고 아름다운 곳에 내가 감히 발을 들여 놓은 그런 느낌... 사실 시간이 지난 지금 그 순간에도 그 이후 수업을 어떻게 했는지 아득-하다.

> ...처음의 두려움을 지나 나는 머리에 떠오르는 질문을 중심으로 빠르게 수업을 진행했다. 침묵을 못 견뎌서이다. 동기들과 수업을 했을 때는 풍부한 질문을 던지고 반응에 반응으로 답했는데..막상 실제 수업을 해보니 질문에 반응하지 못한 채 침묵이 흘렀다. 그것이 또 당황스러웠고 그 앞에 혼자 침묵하는 시간이 더 견디기 어려워 결국 설명을 빠르게 진행하여 활동을 마쳤다. ...(중략)... 수업에서 가장 큰 영향력을

미치는 것은 자료도 교과서도 학생도 아닌 수업을 하는 교사라고 생각하였지만 실제 수업에서 가장 큰 영향력은 다름 아닌 학생들에게 있었다. ...(중략)... 확실해진 것은 교사와 학생들 간 정서적 연대, 그리고 그것을 활용하는 교사의 역량이 중요하다는 것이다.

수업역량이란 역사적 지식의 양이나 학습자의 수준에 대한 이해로 길러지는 것이 아니다. 수업을 둘러싼 긴장과 두려움을 넘어서는 용기, 내용에 적절한 발문과 다양한 학생의 반응을 수렴하는 소통과정의 지속, 그리고 그 과정에서 만들어가는 학생과의 정서적 유대감, 이 모든 것을 토대로 수업을 조절하고 진행하는 능력 모두를 포함하는 것이다. 예비교사의 수업 실천과 성찰은 수업역량을 배우고 터득하는 중요한 경험인 것이다.

나. 수업은 곧 교사와 학습자의 호흡

> '선생님들은 나라바꿔파와 나라지켜파 중 어느 쪽을 선택하실 거예요? 그 이유도 말씀해 주세요.' 내가 생각한 초등학생은 친절하게 쉬운 말로 설명해 주기를 바라는 수준의 아이였지만 그것이 아니었다 ...(중략)... 역사적 흐름을 배워 가는 초등학생들일지라도 객관적인 지식이 다소 부족할 뿐, 역사적 사고를 할 수 없지 않음에도 불구하고 난 그들의 호기심과 관심을 무시했던 것이다.

역사에 대한 관심과 호기심은 역사교육의 목표로서의 역사적 사고력을 기르는 기본 조건이다. 예비교사는 이 수업을 통하여 초등학생의 일반적인 수준을 교실 속 학생의 수준으로 오해하지 않아야 하며, 역사적 지식이 곧 역사적 사고력과 동일한 것 또한 아님을 인지하였다.

예비교사팀은 교실 속 사회과 수업이 예상보다 어려웠다고 반추한다. 그 이유에 대하여 그들은 첫째, 역사에 관심이 있는 특정 학생 이외의 다수 반응은 자신들이 생각한 것보다 적극적이지 않았으며, 둘째, 실제 역사수업에서의 교사 역량은 교과의 내용에 대한 지식 이외의 능력, 예컨대 학생을 개별로 파악하는 능력이나 자신있게 수업을 리드하는 능력 등 여타 능력이 필요하였고, 셋째, 특히 교사 자신이 해결할 수 있는 내용 지식보다는 수업의 분위기를 지배하는 다양한 조건들을 알고 활용하는 교사의 능력이 부족했기 때문이라고 보았다. 예비교사들은 그들이 생각한 수업의 분위기를 유도하기보다는 그 교실의 분위기에 압도되었으며, 자신들이 주도하는 수업보다는 학생들의 말과 행위, 태도에 따라 끌려가는 듯한 수업을 하였다고 평가했다. 이 수업을 통하여 예비교사들은 조선 건국의 과정에 대한 내용구성과 의미부여보다 역사를 가르치기에 적합한 교실환경과 학습자의 수준에 대한 교사의 판단에 더욱 주목하였다.

다. 역사수업에서의 인물 활용: 동료비평 1

정몽주를 둘러싼 조선 건국 수업을 구성한 예비교사팀은 동료 예비교사를 대상으로 1) 역사적 사실과 역사적 상상력을 접목하여 흥미와 진지함을 동시에 충족하는 수업 2) 교사가 알고 있는 사실을 여유있게 학생과 호흡하며 나누는 수업 3) 지금의 학생들을 과거의 시대로 초청하여 역사적 흐름 속에서 인물의 행위를 이해하는 수업 4) 촘촘한 내러티브적 아이디어를 수업자료에 담아 사건의 흐름을 자연스럽게 이해하는 수업을 하고자 노력하였다. 이 수업에 대한 동료 예비교사들의 이야기를 들어보기로 한다.

> 이번 역사팀의 수업은 조선의 건국 단원을 다룬 수업이었다. 역사수업이다 보니 인물 중심으로 사건의 흐름을 매끄럽게 하여 하나의 연결된 스토리로 수업을 구성하고자 했다. '정몽주 살인사건'의 범인을 알아내는 것이 이번 수업을 연결하는 큰 주제이다. 정몽주, 이방원, 이성계 그리고 더 나아가 온건개혁파, 급진개혁파와 같은 인물을 중심으로 마치 하나의 이야기를 듣는 듯 자연스럽게 수업의 흐름이 이어졌다는 점에서는 수업자 자신이 의도했던 수업을 잘 해결하였다. (유빈의 이야기)

동료 예비교사는 이 수업의 큰 장점을 역사적 인물이 중심이 되어 사건을 이해시키는 스토리의 힘에 있다고 보았다. 그러나 스토리보다는 역사를 배우는 이유가 분명히 드러나는 수업이어야 한다는 주장도 있다.

> 역사를 배우는 이유는 뭘까? 며칠 전에 일어난 일도 기억하지 못하는데 아주 오래된 몇백 년이 지난 일들을 다시 생각해야 되는 이유가 무엇인지에 대한 답은 역사를 가르치는 교사의 숙제일 것이다... 역사수업은 우선 역사를 왜 배우는지에서 출발해야 한다....(중략)... 아이들은 역사를 과거의 것이라고만 인식해서는 안 된다. 현재의 연속선 상에 존재하고 있고 역사적 사건을 통해 지금 일어나고 있는 일을 해결할 수 있는 방법을 알아내야 한다. 이에 적합한 역사수업이 인물수업이다. 과거의 인물에 대해서 배우면 그 인물이 살던 시대, 인물의 선택, 결과 등에 대하여 알 수 있기 때문이다. (지은의 이야기)

그렇다면 역사를 배우는 이유가 인물을 이해하기 위해서일까? 인물을 이해하는 것이 역사수업에서는 어떤 의미가 있는 것일까? 동료 예비교사들은 이에 대한 분명한 답을 내리지 않았지만 역사적 인물을 이해하는 차원의 문제를 제시한 바 있다.

> 이 수업은 탐정이 되어 '정몽주 살인사건'의 범인을 찾아내는 수업이었는데 이를 통해 조선 건국과정을 알 수 있는 것이 수업 목표였다. 수업은 상당히 즐거웠다. 수업을 진행하는 선생님들이 직접 인물의 목소리를 녹음해서 학생들에게 들려줬고, 사건을 통해 단서를 찾는 것도 흥미로웠다. 아이들의 흥미와 호기심을 자극하는 최고의 방법이었고 과거지만 생동감이 느껴졌다. 하지만 지나치게 '정몽주의 죽음'이라는 부분에 초점을 맞췄다는 점이 아쉬웠다. 그 사건이 조선의 건국과정의 한 부분의 되어야하는 것이지 전부는 아니다. 사료를 많이 사용하지 않았다는 점도 아쉬운 부분 중에 하나이다. 사료를 분석하고 해석할 줄 아는 것도 역사수업에 있어서 상당히 중요하기 때문이다. (현경이의 이야기)

한 인물의 이야기를 통하여 역사수업을 한다는 것과 역사적 사건의 의미를 충분히 이해하는 수업에는 분명 차이가 있다. 그렇기에 교사는 인물을 통한 사건의 이해를 위하여 어떤 자료를 어떻게 활용하는가에 주목해야 한다. 역사적 사료를 탐구하여 인물과 사건을 이해하는 것과 교사의 스토리를 활용하여 역사적 인물을 이해하는 일은 간극이 존재하기에 교사는 자신이 추구하는 보다 좋은 수업을 고민해야 하는 것이다.

> 인물 탐구를 위해 충분한 자료가 제공되지 못했다는 점이 아쉬웠다. 또한, 인물학습에서는 인물의 중요성을 인식하도록 해야 하는데 어떤 부분에서 그런 활동이 있었

는지 의문이다. 활동 2에서 '나는 온건개혁파였을까, 급진개혁파였을까?'라는 좋은 발문이 있었으나 사실 학생들이 급진개혁파라고 말하는 것은 어려울 것이라는 생각이 든다. 수업에서 배운 걸로 보면 급진개혁파는 나쁜 행동을 했음이 틀림없기 때문이다. '수업 내용이 한쪽으로 치우치지 않았나?'라는 생각을 해본다. 이는 인물이 왜 그런 행위를 했는지. 인물의 내면적 동기 등에 대한 내용 이해가 부족했기 때문이라 생각된다. (종원의 이야기)

동료 예비교사는 충분한 자료의 중요성을 역설한다. 학생들이 과거의 인물을 이해하는 과정을 통하여 자신의 입장에서 어떠한 판단을 내릴 수 있는가를 되묻는 일은 매우 의미있지만, 그것이 수업의 맥락에서 살아나기 위해서는 단순한 사실보다는 그 이면의 사실과 인물의 갈등을 제시해야 하며 이것이 곧 가치 판단을 가능하게 하는 적절한 근기기 된다는 것이다. 역사적 사건은 이미 흘러간 과거이다. 따라서 학생들을 이 사건의 주인공으로 위치시키기 위해서는 사건의 배경과 의미를 이해할 수 있는 충분한 사료나 기준이 요구된다는 것이다.

라. 역사수업에서의 내러티브: 동료비평 2

4조의 역사 수업시연은, 내러티브를 아주 효과적으로 이용했다. 시각적 자료도 풍부했으며 역사적 사실을 스토리로 잘 이끌었고, 교사의 능동적인 응대는 학생들과의 분위기를 자연스럽게 만들었다 ...(중략)... 사실 가장 인상적이었던 것은 학생들의 반응이었다. 학생들은 능동적으로 수업에 참여하고, 교사의 질문에 대답하며 서로의 의견을 나누며 토론했다. 학생들의 빈응이 좋았던 이유는 내러디브리는 수업 이해의 방식과 더불어 그것을 즐기는 학생들이 있었기 때문이다. (주희의 이야기)

역사수업에서의 내러티브 효과는 수차례 검증된 바 있다. 그러나 수업에서의 내러티브는 단순한 스토리의 생성과 활용이 아니다. 내러티브는 스토리와 담화로 이루어지기에 이야기를 만드는 것뿐만 아니라 이야기를 이해하는 인간 마음의 작용을 포함하는 의미화의 과정, 소통의 과정이다(홍미화, 2013b, 165). 예비교사들은 내러티브의 의미를 스토리로 한정하여 사용하지 않았다. 그들은 스토리를 이끌어가는 자연스러움, 학생과 교사가 주고 받는 대화 전반을 통해 내러티브를 구현하고 있다. 동료 예비교사들은 수업의 내러티브를 통하여 학생의 능동적 참여를 유도하는 교사의 능력을 인정하였다. 결국, 내러티브적 수업 구성은 학생의 적극적인 반응을 가져왔으며 수업의 효과를 극대화하였다고 보는 것이다. 역사수업에서 내러티브 방식은 교사와 학생의 호흡과 참여가 동반될 때 그 가치가 빛나는 것이다.

> 이 수업은 놀이 수업이다. 아이들은 탐정이 되어 범인을 찾아 나섰고, 그 시대 사람이 되어 생각했다. 이 수업은 일종의 추리 게임이다. 아이들은 게임을 통해 역사를 배웠고, 더 오랫동안 기억에 남길 수 있었다. 그러나 문제가 보였다. 학습지의 내용은 난이도가 높았고 학생 중 다수는 답을 쓰지 못하였다... 이 수업에서 학습지 내용은 범인을 잡기 위한 단서가 되므로 중요하다. 그런데 그 수준은 역사적 내용 파악을 힘들게 했다. 아이들이 학습목표를 충분히 성취할 수 있을지 의문이다. (윤서의 이야기)

놀이 수업의 장점이 충분히 드러난 역사수업이지만 학습지 활용으로 인하여 자연스러운 놀이 수업이 오히려 방해를 받았고 학생들의 이해 또한 어려워졌음을 말하고 있다. 놀이 방식과 학습지 활동이 충돌함으로써 역사수업의 두 측면, 즉 역사적 상상력을 활용한 사고력 기르기와 역사적 사실을 토대로 한 조선 건국과정 이해하기라는 두 가지 목표는 모두 이루기 어려웠다는 것이다. 이는 역사수업에서 놀이를 활용하는 방식과 학습지를 활용하는 방식의 장단점을 이해함으로써 교사가 주목하는 역사교육의 목표를 재확인하여 학습방식을 선택해야 함을 알게 한다.

> 수업에는 살아있는 수업이 있고 죽어있는 수업이 있다. 죽어있는 수업이란 교사 혼자 수업을 요리하여 아이들에게 그대로 떠먹이는 수업이다… 살아있는 수업이란 아이들이 직접 요리를 하고 이를 먹어보는 수업이다… 조선의 건국에 대해 수업시연을 한 친구들은 동기유발을 매우 잘 하였다. 선생님이 들려 준 선죽교 살인사건 이야기는 당장 범인을 찾고 싶도록 동기를 유발했다. 시각자료와 함께 살인사건의 장소를 추적하는 장면은 아이들이 직접 참여할 수 있는 최고의 동기 부여였다 …(중략) … 동기유발은 수업 전체 활동, 나아가 정리까지 이어져 하나의 흐름으로 이어진다. (승진의 이야기)

동기를 유발한다는 것은 학생들이 내용을 배워야 하는 이유와 교육의 목표를 지향하게 하는 일이다. 추리 방식은 속성상 학생의 상상력과 문제의식을 극대화하는 방법이다. 이러한 동기유발을 통하여 학생들은 선죽교 살인사건의 범인을 찾으려는 의지를 가졌고, 교사는 그 의지를 활용하여 조선 건국의 복잡한 배경을 이해시키고자 하였다. 수업에서 학습목표는 도입단계에서 제시하는 것이 관례이다. 그러나 추리 방식으로 수업을 구성할 경우 '조선 건국의 과정을 인물을 중심으로 알아보자'와 같은 목표는 학생의 사고력을 제한할 수 있다. 동기유발에서 정리에 이르는 역사수업의 내러티브적 구조는 시간에 대한 감각을 다루기에 석설하며 특별한 수업절차에 의존하지 않더라도 자연스러운 수업이 가능하다.

동료 예비교사들은 내러티브를 활용한 동기유발을 긍정적으로 평가하며, 인물과 사료, 역사수업의 목적과 인물을 배우는 이유를 관계짓기도 하였다. 전반적으로는 수업 흐름에 대하여 긍정적이었지만 역사적 사실과 역사교육의 목적, 인물 중심의 역사수업의 문제, 추리 중심의 놀이형 수업과 학습지의 관계 등 새로운 의견을 제시하고 있다. 그들은 인물을 중심으로 역사적 사건을 이해시키는 수업이라 할지라도 실제 수업에서는 인물을 둘러싼 역사적 사실을 이해시키는 수업과 인물의 입장을 이해하고 역사적 판단력을 길러주는 수업이 있을 수 있음을 말한다. 이는 역사수업의 구성 방식이 보다 세밀하고 신중해야 함을 뜻한다. 이에 대하여 역사 수업팀은 복잡하고 엄밀한 역사적 사실만을 강조할 경우 결국 수업은 기존의 역사수업처럼 교사 중심의 일방적인 사실 전달 수업이 될 수 있다고 판단하여, 정몽주 살인 사건이라는 스토리를 활용한 것이다. 인물을 중심으로 수업을 한다는 것은 인물에 대한 자료와 활용 수준을 결정하고, 수업의 목적에 따른 다양한 인물의 재현에 대하여 고려하며, 더불어 역사에 대한 흥미와 역사적 사실 간의 균형과 관계 설정 또한 필요하다. 수업이란 결국 이러한 문제에 대한 교사의 끊임없는 성찰과 판단으로 만들어질 수밖에 없다.

동료 예비교사들은 고려 말의 세력에 대한 지식과 위화도 회군 및 과전법 시행과 관련된 역사지식을 피상적으로 언급하고 수업 전반을 정몽주 사건으로 진행하다 보니 건국의 과정이 단순한 살인사건 수준으로 오해될 수 있다고 보았다. 수업팀은 이를 반영하여 실제 수업에서는 급진파와 온건파의 대화를 보완하고 위화도 회군과 과전법 시행을 영상으로 시청하도록 하는 등의 방법으로 조율하였다. 예비교사들은 학생들의 상상력과 흥미를 위해 교사의 지나친 설명은 자제하고 아이들이 생각을 지속할 수 있도록 발문에 유의하는 수업으로 수정하게 된다.

4. 예비교사의 역사수업이 남긴 메시지

가. 역사를 배우는 일과 역사를 가르치는 일

역사를 배운다는 것은 연대를 암기하는 일과 다르다. 그것은 역사적 사건과 인물을 통하여 시대를 이해하고 지금의 우리를 이해하는 일과 관련된다. 그래서 역사를 가르친다는 것은 역사적 사건과 인물을 탐색하고 그에 대한 끊임없는 의심과 확인, 그리고 성찰을 통하여 보다 바람직한 교육의 내용과 방법을 고민하는 일에 해당한다. 역사를 가르치는 교사는 역사적 사실을 확인하고 탐구하는 일에 만족할 수 없는 것이다. 역사적 사실을 말할 경우에도 교사는 그 사실이 얼마나 정확한지와 더불어 사실과 사실 사이에서 생략된 어떤 사실조차 생각해야 한다. 교사는 역사를 배움으로써, 혹은 가르침으로써 인간이 무엇을 깨닫고 알기를 기대하는지에 관한 판단을 멈추지 않는다.

예비교사의 역사수업에는 역사를 배워가는 교사와 역사를 가르치는 교사로서의 어려움과 고민이 담겨 있다. 예비교사들은 조선 건국의 과정을 다루는 역사수업을 설계·실행하면서 1) 역사적 사실과 역사적 상상력을 조화롭게 가르치는 일의 어려움과, 2) 학생들을 과거의 시대로 초대하여 당시의 상황을 이해하고 판단하도록 유도하는 일의 중요성을 확인하였다. 또한, 3) 인물과 사건의 관계와 사건과 사건의 흐름을 내러티브로 만들어 활용하는 일의 장점을 확인하였다. 그러나 4) 역사적 사건을 스토리로 구성하고 활용하는 것만으로는 역사적 사건을 충분히 이해시기는 것이 역부족임을 깨닫게 되었다.

예비교사들은 수업 설계와 실행의 차이가 학습자의 유무에 있기에 수업실천에서는 학습자의 참여를 적극 유도하여 역사수업을 흥미있게 만들고자 노력하였다. 그들은 역사적 지식을 충분히 이해시키는 일과 흥미로운 역사수업을 만드는 일의 사이에서 딜레마를 겪고 있으며, 그럼에도 불구하고 교사는 수업을 통하여 그것을 극복해야 함을 깨달았다. 교실수업은 낯선 환경과 학습자로 인한 두려움과 긴장의 연속이었기에 이를 극복하는 수업이 곧 살아있는 역사수업을 가능하게 하는 가장 중요한 요인이었다. 교실 속 교사는 역사지식은 물론 학습자를 자신의 수업으로 초대할 줄 아는 사람이어야 하는 것이다. 그들에게 교실 속 역사수업은 교사의 역사 지식과 역사수업 방식만으로는 해결되기 어려운 어떤 문화적 질서와 마음의 공간이 지배되는 수업이었다.

나. 역사적 사건을 이해하는 것과 역사 내러티브

살펴본 바처럼 예비교사의 역사수업 성찰, 그 중심에는 내러티브가 위치한다. 역사를 가르치고 배우는 일 모두가 사건을 재현한 교사의 이야기로 만들어지고 들려주는 일이기 때문이다. 이것은 역사적 사실만으로 역사수업이 이루어지지 않음을 의미한다. 교사는 단순히 역사적 사실을 전달하고, 학생은 그것을 이해하는 수준의 역사수업은 존재하지 않는다. 역사에 대한 해석은 역사가를 비롯하여 역사에 대한 호기심과 의심을 가진 모든 사람들이 행할 수 있는 일종의 능력이다. 특히 수업에서의 역사적 사실은 그것을 설명하고 가르치는 교사의 언행과 학생의 반응, 그리고 교사가 선택한 자료의 종류와 질문 등 다양한 요소에 의해 달라진다.

사회과교육에서 역사수업은 시민을 기르는 일과 관계되기에 역사수업은 과거에 있었던 중대한 사건에 대한 현대적 시각을 필요로 한다. 특히 초등학교에서는 지금 여기에서 과거의 역사를 바라보고 이를 통하여 지금의 우리를 성찰하도록 하는 역사수업, 일종의 추체험과 감정이입을 활용한 실감나는 역사수업을 유도한다. 그동안 역사교육에서도 역사적 추론을 통한 좋은 시민을 언급해 왔기에, 역사수업은 곧 교사가 해석한 역사적 사건과 현상, 즉 교사의 내러티브를 통하여 이루어지고 이것이 학생에게 전이되는 수업이다.

예비교사의 역사수업은 사실과 허구 사이를 오가며 역사적 내러티브를 만드는 일에서 출발하였다. 그들에게 좋은 수업은 자연스러운 이야기의 흐름을 유지하며 학습자와 호흡하는 수업, 그리고 학습자 스스로 그 이야기를 이해하는 수업이었다. 예비교사에게 역사수업은 자신의 역사적 내러티브에 대하여 학습자가 이해하고 소통하도록 돕는 일과 다름아니다. 그러나 실제로 역사적 내러티브는 쉽게 구성되지 않는다. 그것은 역사적 사건에 기반하지만 허구의 공간과 시간을 활용해야 하는 일이며, 실제 일어난 일이지만 개인의 해석을 필요로 하는 작업이기에 쉽게 구성되지 않는다.

예비교사들이 만든 이야기는 신진사대부인 정몽주를 둘러싼 당시의 복잡한 상황을 이해하고, 누가 왜 그를 죽여야 했는가를 중심으로 서술되었고, 이를 둘러싼 다양한 추리를 토대로 역사적 사실과 역사적 사고력을 긴밀하게 관련시키는 방식이었다. 학생들은 몇 가지 단서를 통하여 그의 죽음과 마주하였다. 정몽주와 이성계를 중심으로 만들어진 이야기 장면은 학생의 추론을 두 가지로 양극화하여 판단의 기준을 제시하였다. 온건개혁파와 급진개혁파에 대한 이해를 중심으로 그들 중 누군가가 정몽주를 죽였을 것으로 추정되는 증거들을 찾고 종합함으로써 사건을 이해하게 하였다.

왜 그들이 그렇게 하였는가에 대한 해석은 그 과정에서 이루어진다. 시간에 대한 역사적 내러티브는 시간순으로 배열되고 학생들은 정몽주 살인사건을 계기로 그와 관련된 인물과 그 인물의 주변을 살핌으로써 역사적 맥락을 이해하게 된다. 예비교사의 역사수업에서 사건을 이해하는 일은 사건에 대한 이야기와 그것을 가르치는 수업 양식으로서의 내러티브를 이해하는 일과 관련되어 있다.

다. 교사의 역사이야기, 학습자의 역사이야기

예비교사의 교실수업은 학생들이 이야기를 묻거나 만들어 갈 시간과 여유를 제공하지 못하였다. 난해한 역사 정보를 급하고 빠르게 설명하는 데 치중하고 만 것이다. 역사 속 인물이 되어 볼 수 있는 여유를 주지 못한 채, 조선 건국의 과정은 빠르게 정리되었다. 애써 준비한 사료 탐구의 과정을 생략했기에 역사적 추론 과정 또한 축소되었다. 역사적 사건에 대한 판단은 학생들의 추론을 중심으로 이루어져야 함에도 불구하고 교사 개인의 판단에 머문 것이다. 역사에서의 이러한 판단은 증거의 단순화, 맥락의 부재, 인물에 대한 과한 감정이입으로 이루어진다. 예비교사는 학습자를 역사적 행위자가 되도록 도와주지 못하였다.

예비교사의 역사수업은 잘 짜여진 스토리만으로 수업의 성공을 보장할 수 없음을 보여준다. 그들의 첫 번째 수업시연은 역사수업에서 발휘되는 내러티브의 가치를 보여 주었다. 그러나 두 번째 교실수업은 내러티브적 수업의 가치란 결국 교실의 상황과 맥락을 고려할 때 얻을 수 있음을 보여준다. 역사수업은 학생들 스스로 역사적 사건을 이해하고 각자의 역사이야기를 만들 때 성공할 수 있다는 것이다. 역사에 대한 학생의 관심과 수준을 이해하는 일은 좋은 역사 수업의 중요한 조건이다. 교실수업에서 초등학생들은 자신의 내러티브를 구성하지 못하였다. 교실 속 학생의 역사지식은 그 수준과 범위가 매우 다양하다. 다양한 학생이 존재하는 교실에서 예비교사는 긴장과 두려움을 마주할 수밖에 없다. 학생들의 호기심과 관심을 갖게 만드는 스토리, 특별한 사료와 단서에 주목하는 새로운 이야기로의 전환이 필요했다. 이것은 학생의 수준과 흥미에 따라 교사가 구성한 내러티브는 또 다른 형태의 내러티브를 생성하거나 변형시켜야 함을 의미한다. 교사의 내러티브는 고정된 상태로 위치하는 것이 아니라 학생의 내러티브를 생성할 수 있는 느슨함과 유연함 또한 필요로 한다.

역사를 가르치는 사회과 교사들은 민주시민 교육에서 추론의 의미를 이해할 필요가 있다. 예비교사들이 설계하였던 조선 건국의 과정에 대한 학생들의 역사적 추론 과정은 우리 사회가 직면한 현실의 문제를 사려깊고 현명하게 판단하는 데 도움을 준다. 역사적 맥락에서 문제를 이해하는 일은 비단 역사수업만의 문제가 아니라 사회과 수업에서 유도하는 사려깊은 시민을 기르는 데에도 관여한다. 역사수업은 교사의 역사이야기를 학생이 이해하는 것뿐만 아니라 학생 또한 자신의 새로운 역사이야기를 만들어가는 수업이다.

따라서 교사는 학생들이 자신의 내러티브에 대한 해석과 판단, 그리고 비판적 견해를 표현할 수 있도록 도와야 하며, 자신이 재현한 역사이야기가 역사적 사건이나 인물과 관련한 정확한 사실이 아님을 인정할 필요가 있다. 교사는 역사수업에서 픽션과 논픽션의 차이와 쓰임을 이해하고 활용하는 지혜가 필요한 것이다. 훌륭한 역사 교사는 재미있는 내러티브가 지닌 오해의 소지를 알고 이를 적절히 활용할 줄 아는 교사이다.

예비 교사의 역사수업은 그들이 재현한 역사 내러티브로 구성된 수업이다. 그들은 역사적 사건과 인물을 관계짓고 그 관계를 중심으로 사건을 해석하였으며, 역사적 사실을 기반으로 '정몽주 살인사건'이라는 새로운 내러티브 자료를 생성하였다. 그들이 애초 구성한 좋은 수업은 '역사적 사실과 역사적 사고력을 결합하여 흥미와 진지함을 동시에 충족하는 수업', '교사와 학생이 사건에 대하여 질문과 대답을 이어가는 수업', '과거의 시간으로 학생을 초대하여 인물을 이해시키고 학생의 입장을 들어보는 수업', '사건의 흐름을 자연스럽게 이해시키는 내러티브적 수업'이다.

그러나 예비교사들은 조선 건국의 과정을 다루는 실제 역사수업을 실행하면서 '사건의 상황을 충분히 이해하여야 학생 스스로 자신의 입장을 제시할 수 있다는 점', '인물과 사건의 관계를 내러티브 방식으로 가르치는 일은 효과적이지만 많은 노력이 필요하다는 점', 그리고 '역사적 사실과 역사적 사고력을 균형있게 가르치는 일이 쉽지 않은 일'이며, '사건을 내러티브로 구성하는 것만으로 학생들이 역사적 사건의 맥락과 의미를 충분히 이해하기에는 어려움이 있음'을 확인하였다.

교사는 역사 지식에 대한 자신의 관점과 해석을 토대로 역사 내용을 구성한다는 점에서 역사가와 유사하게 역사 지식을 구성하는 사람이기도 하지만 (양호환 외, 2003: 46), 역사가와 달리 학생이 이해하는 역사, 학생에게 의미있는 역사를 가르치기 위하여 자료와 사료, 질문과 이야기 등을 활용하여 가르치는 사람이기도 하다. 따라서 그들은 정확한 역사적 사실을 발견하거나 가르치는 일보다는 학습사 개개인의 성향을 고려한 특별한 역사수업 방식을 고려하고, 역사적 사실과 역사적 추론을 연계한 세심한 노력을 필요로 한다.

　역사를 배운다는 것은 인물의 삶을 통하여 역사적 사건을 이해하고 시대를 인식하는 과정이며 이를 통하여 지금의 우리를 이해하는 과정이다. 역사를 가르친다는 것은 역사적 사건과 흐름에 대한 이해를 바탕으로 역사에 대한 자신의 입장을 끊임없이 의심하고 확인하며 성찰하는 과정에 해당한다. 그렇기에 교사는 역사를 배움으로써, 혹은 가르침으로써 학생들이 무엇을 깨닫고 알게 되기를 기대하는지 그 판단을 멈추지 말아야 한다. 교사는 학습자 개개인이 지닌 역사적 지식의 수준과 관심을 알고 역사를 이야기하며, 학생 스스로 또 다른 역사이야기를 만들어가도록 도와야 한다.

단 원 명		1. 조선의 건국		차시	2/15
성취기준		[6사 03-05] 조선을 세우거나 문화 발전에 기여한 인물 (이성계, 세종대왕, 신사임당 등)의 업적을 통해 조선 정치와 민족 문화의 발전상을 탐색한다.		학습 모형	문제해결학습
학습목표		조선 건국과정을 주요 인물을 통해 알 수 있다.			
단계	흐름	교수-학습 활동		시간	자료 유의점
도입	문제 상황 파악	● 동기유발하기 ◎ 선죽교의 핏자국 　- 선죽교 사진을 보며 흥미 유발하기 　T : 여러분, 이 사진 속에 다리는 선죽교에요. 여기에 뭐가 보이나요? 　S : 자국이요, 핏자국이요 　T : 맞아요, 여러분. 여기 왜 핏자국이 있을까요? 여기서 누가 죽은 것 같지 않아요? 　S : 네 　- 시대 상황에 대한 설명을 통해 학생들에게 활동 1을 위한 사전 지식 익히게 하기 　　(정몽주 사진과 설명 제시, 단어 해설)		6	*PPT 자료 @학생들의 흥미를 위해 최대한 흥미 진진한 분위기 연출
전개	정보 수집	● 정몽주 살인사건 범인에 관한 정보 수집 ◎ 활동 1 : 범인을 찾아라 장면 1) 정몽주의 장례식 - 온건 개혁파측의 입장과 급진 개혁파측의 입장 듣고 교사가 학생들과 단서를 통해 상황 정리하기 장면 2) 이방원의 집 - (시종의 대화를 통해) 이방원이 정몽주를 죽였음을 암시하는 대화상황을 제시하기 　범인이 땅에 무기를 묻는 모습 화면에서 정지시킨 후 학생들이 누가 범인인지 추측해 보게 하기 - 학생들에게 PPT 속 시종을 향해 '누가 범인이야'하고 묻게 한 후 PPT 속 시종이 '이방원이 시켰습니다.'는 대화를 통해 범인 밝혀내기		20	@학생들의 생각을 열린 생각으로 놔두어야 하며 교사가 학습 내용을 정리 하면서 학생 들의 사고를 좁히면 안됨
	해결 및 대안 제시	● 정몽주 살인사건에 대해 학생들의 생각 듣기 ◎ 활동 2 : 나는 온건개혁파였을까 급진개혁파였을까? - 학습지를 나눠주며 학생들에게 내가 그 시대를 살아가는 인물이었으면 어떻게 행동했을지 생각해 보기 　T : 여러분이 그 시대를 살아가는 사람이었으면 어떻게 행동했을지, 학습지에 한번 적어볼까요? - 학생들이 학습지에 스스로의 생각을 작성한 후 학생들을 발표시키기 　(온건개혁파를 선택한 학생과 급진개혁파를 선택한 학생이 토론식으로 자유롭게 발표할 수 있도록 분위기를 형성한다) ● 당시 이방원의 행동에 대한 사실 설명 　T : 당시 이방원은 ~한 생각을 가지고 ~게 행동했어요. 결국 이후 조선 왕조가 성립하게 됩니다.		10	@자칫 이방원 의 행동이 옳기만 하다 고 잘못 받 아들여지지 않게 주의
정리	정리	- 학생들의 생각을 되짚어 보면서 차시 예고하기		4	

부록 2-2-2. 예비교사의 최종 수업지도안 (2차 수업 실연 후 재구성)

단원명	1. 조선의 건국	차시	2/15
성취기준	[6사 03-05] 조선을 세우거나 문화 발전에 기여한 인물 (이성계, 세종대왕, 신사임당 등)의 업적을 통해 조선 정치와 민족 문화의 발전상을 탐색한다.	학습 모형	내러티브를 활용한 문제해결
학습목표	조선 건국의 과정을 주요 인물을 통해 알 수 있다.		

수업단계	교수-학습 활동	시간	자료(*) 유의점(※)

문제 상황 파악	● 동기유발하기
	1) 선죽교의 핏자국 사진을 본다.
	  – 학생들이 핏자국 사진을 보며 선죽교에서 살인사건이 일어났을 것이라 생각하고 이에 흥미를 느낄 수 있도록 한다.
	2) 교사의 발문을 통해 정몽주와 그의 살해사건에 관심을 가진다.
	  – T: 선죽교에서 죽임을 당한 정몽주라는 사람은 누구일까요? 누가 그를 죽음으로 몰고 갔을까요? 왜 죽였을까요?
	3) 정몽주 그는 누구인가?
	  – 정몽주에 대한 간단한 설명을 통해 학생들이 고려 말의 상황을 자연스럽게 알게 한다.
	  – T: 정몽주는 저번시간에 배웠던 고려 말의 능력 있는 관료이자 정치가였어요. 조선을 건국하려는 사람들에게 정몽주는 어떻게 보였을까요?
		6	*PPT 자료
			※ 학생들의 흥미를 위해 교사가 최대한 흥미진진한 분위기 연출한다.
			※ 생각을 계속 할 수 있도록 아이들에게 발문을 계속 던져 준다.
			※ 학생들의 상상력과 흥미를 위해 교사의 지나친 설명은 자제한다.

정보 수집 및 탐색	● 고려 말 세력 알아보기
	1) 고려 말의 세력들과 각 세력들의 관계를 안다.
	  – 시대 상황에 대한 설명을 통해 학생들에게 사전 지식 익히게 한다.
	● 활동 1 : 범인을 찾아라!
	  – 학생은 탐정이 되어 살인사건을 해결한다.
	1) 상황1: 정몽주의 장례식장
	  – 온건 개혁파과 급진 개혁파의 대화를 듣고 고려 말 상황에 대해 안다. (위화도 회군, 과전법 시행)
	2) 탐정노트 정리하기
	  – 상황1을 통해 알게 된 단서들을 탐정노트에 정리한다.
	3) 상황2: 이방원의 집
	  – 시종들의 대화를 통해 범인을 추리한다 – 범인 밝히기
		15	*PPT 자료, 학습지
			
			*동영상 http://imperiya. by/video/ jZVNRIJyKGH/– vs–.html

해결 및 대안 제시	● 활동 2 : 정몽주는 왜 죽었을까? 이방원은 왜 죽였을까?
	1) 동영상 시청하기
	  – T: 왜 정몽주는 죽임을 당했고, 왜 이방원은 그를 죽여야만 했을까요? 그 당시 상황으로가서 그들이 왜 그렇게 하였는지 확인해 볼까요?
	2) 동영상 시청 후 느낀 점 발표하기
	  – 정몽주 살해사건에 대해 학생들의 생각 듣기
	● 활동 3 : 나는 온건개혁파였을까 급진개혁파였을까?
	1) 본인이 그 시대를 살아가는 인물이었다면 어떻게 행동했을지 생각해 본다.
	  – T : 여러분이 그 시대를 살아가는 사람이었으면 어떻게 행동했을지, 학습지에 한번 적어볼까요?
	2) 학습지에 본인의 생각을 작성한 후 발표한다.
	  – 온건개혁파를 선택한 학생과 급진개혁파를 선택한 학생이 토론식으로 자유롭게 발표할 수 있도록 분위기를 형성한다.
		6	※ 자칫 이방원의 행동이 옳기만 하다고 잘못 받아들여지지 않게 주의
			
			*PPT 자료
			
			※ 학생들의 생각이 열리도록 해야 하며 교사가 학습내용을 정리하면서 학생들의 사고를 좁히면 안 된다.

일반화 및 정리	● 정리하기
	–교사의 말을 들으며 정리하기
	  T : 당시 이방원은 ~한 상황에서 ~게 행동했어요. 그의 선택으로 정몽주는 결국 죽게 되었어요. 그렇게 고려는 멸망하게 되었고, 이후 조선왕조가 시작하게 되었죠. 여러분들이 활동 3에서 생각했던 것처럼 이방원이 다르게 생각하여 다르게 행동했다면 결과는 충분히 달라질 수도 있었겠죠?
	● 차시 예고하기
	  – 학생들의 생각을 되짚어 보면서 차시 예고하기
		10
		
		3	

3장.
현장교사의
정치수업 이야기

'경험의 빈곤'에 직면할 때, 사람들은 '처음부터 다시 시작하기'에 열광한다. 빈곤한 경험은 매끄럽고 투명한 재료로만 뭉친 무미건조한 이야기를 생산한다. 그것은 사물 혹은 대상 간의 부딪침으로 비롯된 격렬한 사건과 경험이 지닌 이야기의 진폭을 만들지 못한다. 교육 경험이 풍부한 경력교사는 수업이 품고 있는 질적 깊이를 알아차리고, 사건을 간파하며 수업을 이어가는 강한 힘을 소유한다. 그들에게 정치는 무엇이고 정치를 배운 삶이란 무엇일까? 정치 수업에 내재된 사건에 주목함으로써 정치 참여의 의미를 찾을 수 있다.

사회과 수업, 정치수업, 프로젝트 수업, 수업의 사건, 정치, 정치 참여, 민주시민 되기

사회과 수업과 내러티브

1. 정치수업을 한다는 것

- 정치는 커서 대통령이나 정치가가 되면 할 수 있는 일이다. -최O서
- 정치에 참여하는 것은 어린이 국회에 참여하는 것, 자신의 의견을 청와대 홈페이지에 남기는 것, 시위에 참여하는 것이다. -김O진

정치는 인간이 공동체의 주체로서 하는 행위이다. 그래서 우리는 정치를 '한다.'라고 하거나 정치에 '참여한다.'라고 한다. 학생들은 정치를 어떻게 이해하고 있을까? 최O서 학생이 생각하는 정치의 주체는 어른이다. 정치는 지금의 내가 아닌 미래의 대통령이나 정치가가 되어야 할 수 있는 것이다. 반면, 김O진 학생은 자신을 정치의 주체로 보는 의미로 정치를 말한다. 그러나 김O진은 어린이 국회에 참여하거나, 기관의 홈페이지에 의견을 남기는 일, 혹은 집회에 참여한 적이 전혀 없는 학생이다. 김O진 학생의 정치는 실제 경험에 바탕을 둔 말이 아니라 교과서의 내용을 그대로 제시한 것에 불과하다.

대부분의 학생은 정치를 능력 있고 훌륭한 어른들이 하는 직업으로 인식한다. 정치란 정치가가 하는 일이라는 입장인 것이다. 그들은 정치에 참여하는 시민을 특정 정치가의 부정에 대항하는 사람으로 보기도 한다. 그렇다면 교사는 정치를 어떻게 인식하고 있을까? 다수의 교사들은 학생을 정치교육의 대상으로 보고 있을 뿐, 정치적 행위를 수행하는 주체로 보지 않는다. 교사에게도 정치는 정치가의 일이고, 교사와 학생이 행하는 일과는 관계가 적다고 여기는 경우가 다수다. 특히 교사는 정치적 행위와 교육의 중립성을 관련짓고 현실 정치의 세계에 대해서는 언급조차 꺼린다. 결과적으로 정치교육은 교사와 학생 모두에게 있어서 교과서 속에 제시된 정치 관련 내용을 배우고 익히는 정도에 그치게 되는 것이다.

그러나 우리가 살아가는 이 사회는 다양한 정치적 요소들이 얽혀 있다. 사람들은 스스로가 인식하지 못하는 사이에 이미 일상적인 정치 행위와 관련 경험을 하고 있는 것이다. 정치에 대한 이해는 개인과 집단의 일상적인 삶, 특히 공적인 삶에서 발생하는 문제를 둘러싼 긴장과 갈등의 관계에 대한 관심으로부터 출발한다. 따라서 정치교육은 구체적으로 누구를 대상으로, 어떠한 현상을, 어떻게 다루는가에 따라 각각 다른 형태로 표출될 수 있다(김명정, 2010). 우리가 겪는 정치적 경험이 지적 요소는 물론 태도나 가치 영역들을 내포한다고 볼 때, 사회과교육이 의미하는 올바른 사회 인식과 민주시민으로서의 삶은 다분히 정치적 성격을 담고 있다. 한 집단이나 개인이 어떠한 사회를 좋은 사회로 규정하는지, 혹은 민주시민으로서의 삶을 무엇으로 이해하는지 등에 따라 그 사회나 집단의 정치적 이해관계를 인지할 수 있으며(홍미화 외, 2016), 그에 따라 바람직한 인간으로서 지향해야 할 행위의 자유와 규약을 판단하게 된다.

사회과 수업을 통하여 학생들은 바람직한 시민으로서의 정치적 가치와 행위를 배운다는 점에서, 그 기본적 가르침은 결국 교과서와 교사가 한다고 볼 수 있다. 학생들은 사회과교육에서의 정치 영역 수업을 통하여, 학급이나 지역, 나아가 사회 전반의 문제에 관심을 가지고 관련한 민주적 가치와 행위를 배움으로써 정치 참여의 중요성을 깨닫게 되는 것이다. 그러나 앞서 말한 바와 같이 교실 속 정치교육은 교과서의 정치 내용을 벗어나지 못하며, 정치교육과 관련한 연구 또한 실제 우리 사회에서의 정치적 시민으로서의 행위와 가치, 그리고 태도를 기를 수 있는 내용과 방법에 대한 근본적인 논의를 지속하지 못하고 있다. 정치교육과 관련한 오래된 관념을 깨고 우리는 어떠한 정치수업을 지향할 수 있는가?

수업을 연구한다는 것은 수업을 개선하기 위한 것이라기보다 수업을 둘러싼 교육적 맥락과 의미를 이해하고 논의하는 일에 가깝다. 이 글은 수업자인 교사 Me1의 '정당 만들기' 수업 이야기와 그 수업의 의미를 찾아가는 연구자 Me2의 이야기를 통하여 교사와 학생들이 이해하는 정치의 의미와 연구자가 이해하는 정치의 의미를 함께 드러내고자 하였다. 이러한 수업자와 연구자 간의 수업 공유와 담론적 글쓰기 방식은 수업의 이론과 실천을 연계하고 수업을 재인식함은 물론 수업에 대한 새로운 관점과 담론의 확산에 도움이 될 수 있다고 판단하였다.[23]

2. '정당 만들기' 프로젝트 수업 구성

가. 오래된 생각, 그 실현을 위하여

이 수업은 수업자 Me1과 S초등학교 6학년 ○반 학생 25명이 사회시간에 만들어 간 6학년 2학기 1단원 '우리나라의 민주 정치' 수업의 일부로, Me1은 이를 '정당 만들기' 프로젝트 수업이라고 칭하였다. Me1은 '정당'을 정치교육의 의미를 찾아갈 수 있는 중요한 소재로 보았으며, 본 장은 Me1의 '정당 만들기' 수업의 설계와 실행, 그리고 성찰의 과정을 중심으로 실제 수업을 자연스럽게 재현하고자 한 장이다.

6학년 학급회장은 의무적으로 전교회장 후보가 된다. 각 반에서는 후보의 연설을 실시간 방송으로 들은 후 투표를 실시한다. 각 학급에서 투표를 진행하는데, 학교에서 나눠준 두표용지만 있을 뿐 기표소도 두표함도 없다. 투표를 마친 후 개표 또한 각 학급에서 한다. 전교회장 후보로 지정된 학급회장이 각 반에 있음에도 불구하고 학급별로 공개적인 개표를 한다. 각 반의 개표 결과를 학교 측에 알려주고 얼마 후면 학교에서는 투표 결과를 발표한다. 이러한 전 과정이 선거의 의미나 원칙에 적절한가를 묻는 Me1의 말에 아이들은 갓 부임한 Me1을 위하여 친절한 멘트를 던진다. "선생님, 우리는 원래 이렇게 했어요."

('Me1'의 수업 실천 일기 중에서)

사회 교과서에서는 시민이 정치에 참여할 수 있는 가장 중요한 방법 중 하나로 '투표'를 제시하고 투표의 중요성을 가르친다. 학교 현장에서는 학급이나 전교 임원을 투표로 결정하고 학급 및 전교 어린이 회의를 운영하는 등의 학생 자치 활동을 하고 있다. 학생들은 교과서의 내용과 학교 현장의 가르침에 따라 투표나 어린이회의의 방식을 알게 된다. 이 활동으로 학생들이 민주주의의 기본인 선거와 자치 활동을 온전히 배웠다고 할 수 있을까? 학교가 제시하는 절차에 따라 편하게 임원 선거를 치르는 S초등학교, 그리고 그러한 방식에 전혀 불편함을 느끼지 않는 학생들, 수업자 Me1은 그러한 학생들을 보며 정치 단원 수업에 대한 고민을 시작했다.

6학년 2학기 사회 1단원은 이 고민을 풀어낼 수 있는 좋은 단원이다. 1단원 '우리나라의 민주 정치'는 민주 정치의 원리와 민주 정치를 실현하는 모습에 대한 이해, 국민의 권리와 의무를 지키고 인권을 존중하는 태도를 가르치도록 되어 있다. 교과서의 1주제에는 학급에서의 휴대전화 사용 규칙 만들기를 통한 정치의 뜻, 법이 필요한 까닭, 우리나라의 헌법 등을 다루며, 2주제에서는 어린이 식생활 안전관리 특별법을 만들고 실행하는 모습을 통해 국회와 정부, 법원이 하는 일 등을 다룬다. 수업자 Me1은 이 두 주제에서 학생들이 정치를 경험하도록 하고 싶었다. 교과서 텍스트를 읽거나 설명하는 방식이 아닌, 실제 몸으로 부딪쳐보는 경험을 말이다.

떠오른 아이디어는 몇 년 전 EBS에서 본 '정치교실'[24] 수업이다. 사실, TV에서 이 수업을 보았을 때, Me1은 6학년 2학기 사회 1단원 1, 2주제를 집필 중이었고, 학교 현장에서 TV 속 '정치교실'과 같은 수업을 시도할 수 있는 교과서를 만들고 싶었다. 그러나 교육과정 성취기준에 등장도 하지 않는 '정당' 개념으로 인해 이를 교과서에 담기는 불가능하였고, 앞으로 6학년을 가르칠 기회가 온다면 시도해 봐야겠다는 다짐만 있었다.

나. 도전, 교과서 활동 벗어나기

수업자 Me1은 몸으로 배우는 정치라는 화두를 중심으로, '학급 규칙 다시 보기, 6학년 ○반 헌법 만들기, 정당 만들기'라는 세 가지의 큰 활동을 설계하였다. '학급 규칙 다시 보기, 헌법 만들기'는 교과서에 나오는 내용, 즉 법이 필요한 까닭, 우리나라의 헌법, 국민의 권리와 의무 등을 배우는 활동과 관련되면서도 학생들이 교실 속에서 자신과 관련된 문제를 찾고 관심 있게 따져보는 연습을 하는 데 적절하다고 생각하였다. 이 수업 후에는 교실을 넘어 학교로 자신의 관심을 넓히고 '내가 만들고 싶은 학교'라는 주제로 다양한 정책을 시도하는 정당을 만들도록 계획하였다.

세 번째 활동, '정당 만들기'에서는 EBS의 '정치수업'을 변형하여 언론사를 만들기로 하였다. 교과서에는 민주 정치가 실현되는 모습을 국회, 정부, 법원 등 세 기관이 하는 일과 그들의 관계를 중심으로 다룬다. 수업자 Me1은 각 기관이 하는 일뿐 아니라 감시와 견제를 중심으로 그들의 관계를 이해하는 것이 중요하다고 생각하였다. '언론'은 특정 국가기관의 권력 편중을 감시하고 견제하는 역할을 한다. 수업자 Me1은 현행 교육과정에 없는 '정당'과 '언론' 관련 내용을 다룸으로써 학생들이 민주 정치의 의미를 보다 잘 이해할 수 있을 것으로 판단하였다. 이에 Me1은 〈표 2-3-1〉과 같은 수업을 구상하였다.

〈표 2-3-1〉 수업자 Me1의 6-2-1단원 1-2주제 수업 계획

수업활동	주요 학습내용	주요 자료	교과서 관련 주제
학급 규칙 다시 보기	• 정치, 민주주의 등에 대한 나의 생각 드러내기 • 정치, 민주주의의 뜻을 주제로 학급 토의하기	설문지	1-(1) 우리 생활과 정치
	• 1학기 학급 규칙 돌아보기: 모둠별로 바꾸고 싶은 학급 규칙 토의하기 • 2학기 학급 규칙 정하기: 학급 전체 토의하기 • 간디, 소크라테스 행동을 보고 법을 만들고 지키는 일에 대하여 토의하기	모둠 토의용 스케치북, 간디와 소크라테스 사례 학습지	
6학년 O반 헌법 만들기	• 교과서 속 헌법 조항 읽기 • 손바닥 헌법책 읽기: 국민의 권리와 의무, 국회, 정부, 법원, 선거관리 관련 조항 읽기 • 6학년 O반 헌법 만들기: 모둠 토의 후 모둠 대표들이 모여 헌법 정하기	손바닥 헌법책, 모둠 토의용 스케치북	
정당 만들기	• 정당 만들 준비하기: '내가 만들고 싶은 학교' 쓰기 • 관련 역할 정하기 　-비슷한 생각끼리 분류하여 정당 만들기 　-언론사와 선거관리위원회 만들기	A4 용지, 사인펜	1-(2) 국가의 일을 맡아하는 기관들
	• 정당: 정당 이름 결정, 당대표와 당대변인 선출 및 정책 정하기 • 선거관리위원회: 정당 활동 규칙 정하기 • 언론사: 정당과 선거관리위원회 소식 취재하기	모둠 토의용 스케치북	
	• 정책토론회 준비하기 　-정당: 정당이 추구하는 학교를 만들기 위한 정책 정하기 　-선거관리위원회: 정책토론회 규칙 정하기, 정책토론회 진행 대본 짜기 　-언론사: 정당과 선거관리위원회의 정책 토론 준비 모습 취재하기, 각 정당의 정책 살펴보기	정책토론회 준비를 위한 활동지	

• 정책토론회 열기 –정당: 우리 당 정책에 대한 입론 준비하기, 다른 당 정책에 대한 반론 정하기, 다른 당의 반론에 대한 재반론 정하기 –선거관리위원회: 정책토론회 진행하기 –언론사: 정책토론회 모습 취재하기, 각 정당의 정책 비판적으로 살펴보고 기사문 쓰기	정책토론회를 위한 활동지	
• 선거 유세 준비하기 –정당: 정책 보완하기, 선거 포스터 만들기, 연설 준비하기 –선거관리위원회: 선거 유세 및 선거 원칙 정하기, 언론사와 함께 공익 광고 만들기, 선거인명부와 투표용지 만들기 –언론사: 사전 여론 조사, 선관위와 함께 공익 광고 만들기	선거유세 준비를 위한 활동지	
• 선거 유세 및 투표	투표함	

3. '정당 만들기 프로젝트' 수업, 사건으로 읽기

가. 실천 : 텍스트 너머의 '정치' 알기

'정당 만들기' 프로젝트 수업은 4주 이상 진행되었다. '학급 규칙 다시 보기, 6학년 ○반 헌법 만들기' 활동을 4차시 내에 하고, '정당 만들기'를 8차시 내에 마치겠다는 예상은 완전히 빗나갔다. 그러나 차시 확보에 대한 초기의 고민은 사라지고, 정치의 의미를 이해하는 과정, 그리고 그 과정에서 탄생한 수많은 사건이 관심을 채웠다. 이 절에서는 수업자 Me1과 학생들 모두에게 의미 있었던 세 가지 에피소드를 중심으로 이야기한다.

(1) 선생님도 엘리베이터를 타지 마세요!

첫 번째 활동인 '학급 규칙 다시 보기' 활동은 3월 초 Me1(교사)의 강력한 제안으로 만들었던 학급 규칙을 다시 살펴보고 학생들 스스로 2학기 학급 규칙을 다시 정하는 것이었다. Me1이 생각한 수업의 절차는 우선 학생 자신이 바꾸고 싶거나 만들고 싶은 규칙을 생각한 후 모둠끼리 자신의 생각을 공유하고 토의를 거쳐 모둠의 의견을 정하는 것, 그리고 학급 전체가 각 모둠의 의견을 점검하며 토의를 통하여 새로운 학급 규칙을 정하는 등 일반적인 과정이었다. 지극히 순조로울 것 같았던 이 계획은 첫 번째 토의부터 도전을 받았다. 발단은 1모둠의 의견인 '선생님들도 엘리베이터를 타지 않습니다.'라는 조항 때문이었다.

학교에는 장애인용 엘리베이터가 있다. 그런데 몸이 불편하지 않은 학생들, 특히 4, 5층에서 지내는 학생들이 이를 몰래 이용해 왔고 학교는 몸이 불편하지 않을 때는 엘리베이터를 이용하지 않도록 지도하고 있다.

> 김○영: 엘리베이터 안에는 장애인용이라고 쓰여 있잖아요. 장애인 친구만 타도록 되어 있으니까 아이들에게 못 타게 해요. 그런데 선생님들이 타는 건 모순이라고 생각합니다. 그래서 선생님들도 엘리베이터를 타지 말아야 한다는 규칙을 넣었으면 좋겠습니다.

김○영이 말하는 순간, 학생들은 수업자 Me1(교사)을 직시하였다. Me1의 표정과 반응이 궁금하였을 것이다. 사실 김○영이 발표하기 전부터, 칠판에 적힌 이 의견을 본 몇몇 학생들은 교사 Me1의 곤란함을 짐작하였고 이 의견을 학급 규칙으로 정하는 데에는 동의하지 않았다.

💬

김○진: 1모둠 의견 나쁘다. 진짜 나쁘다.

신○수: 선생님은 타시지 않지 않나요? 그럼 학급 규칙이 아닌 거잖아요.

교   사: 나? 탄 적 있는데?

학생들: 아, 그래요?

Me1은 학생들의 기대감과 달리 엘리베이터를 타본 적이 있다고 말하였다. 그렇게 고백한 첫 번째 이유는 Me1이 엘리베이터를 탄 사실이 엄연히 있었기 때문이다. 이전 학교와 달리 이 학교에서는 엘리베이터를 타는 교사들이 무척 많았고, Me1 또한 이전 학교에서와 달리 엘리베이터를 탄 적이 수시로 있었다. 학생들에게 엘리베이터의 용도를 설명하고 엘리베이터를 타지 않아야 한다고 지도하기 전까지 Me1의 엘리베이터 타기는 암묵적으로 인정된 행위였다.

두 번째 이유는 학생들이 교사 Me1을 교실 공동체에서 가장 큰 권력을 가진 사람으로 인식하지 않기를 바랐기 때문이다. 오히려 교사의 권력을 의심하고 그 권력에 도전하기를 기대하였다. Me1은 공동체 내 구성원들이 동등하다는 생각, 그것이 지켜질 수 있을 때 정치의 의미는 제대로 이해된다고 믿었다. Me의 고백 이후 학생들은 자유롭게 자신의 의견을 말하였다. Me1을 의식하였다면 하지 않았을 말이다.

💬

손○우: 우리는 준비실에서 물건을 많이 가져올 때두 타지 않는데, 어떤 선생님
         은 가방 하나만 들었는데도 1층에서 2층까지 엘리베이터를 탑니다. 그건

아닌 것 같습니다.

김□진[25]: 짐이 많은 걸 따지면 우리도 책가방 들고 실내화 주머니 들고 힘들 때도 있는데 우리만 못 타게 하는 건 좀 아니라고 생각합니다.

손○우: 점심시간에 급식실에서 교실로 올라갈 때 대부분의 선생님이 엘리베이터를 탑니다.

이○주: 그건 선생님들이 배가 불러 불편해서 그런 게 아닐까?

학생들은 이 규칙을 우리 반에서만 토의할 것이 아니라 학교 전체가 다루어야 할 문제라고 지적하였고, Me1은 이들의 의견을 그대로 수용하였다.

💬

김□진: 선생님 말고 다른 선생님들은 이 규칙에 해당되지 않는 거예요?

김○진: 그럼 이건 전교회의에서 의견을 내야 하는 거 아냐?

김□진: 전교회의에 내도 안 들어주잖아.

최○경: 선생님이 다른 선생님들에게 전파해 주세요.

'학급 규칙 다시 보기'에서 가장 논란을 일으킨 규칙 중 하나였던 이 의견은 학급 전체의 토의를 거친 후 25명 중 22명이 찬성하여 2학기 학급 규칙이 되었다. 이렇게 결정된 최종 규칙은 '몸이 아프거나 불편할 때, 짐을 많이 들었을 때는 엘리베이터를 이용합니다.'였다.

며칠 후 전교어린이회에서 선생님들이 엘리베이터를 타는 문제가 거론되었다. 전교어린이회의에 참여하는 학생 중 한 명이 의견을 냈고, 교사 회의에서 이 안건에 대한 토론이 벌어졌다. 격론 끝에 교사들도 몸이 불편하거나 짐을 많이 들지 않았을 때는 엘리베이터를 타지 않아야 한다는 것으로 결정되었다.

사회과 수업과 내러티브

정치는 공동체에 속한 사람들의 관계가 동등하다는 믿음을 가정한다. 그러한 믿음이 보장되지 않는다면 공동체에서 일어나는 갈등이나 대립을 조정해 가는 정치의 의미는 생명을 잃는다. 서로 동등하지 않은 사이에서는 설득하고 양보하는 '조정'보다는 지시하고 복종하는 '명령'이 자리하기 때문이다. 이러한 점에서 정치수업 또한 교사 Me1과 학생들의 평등한 관계는 중요한 전제였다.

실제 수업에서 우연히 발생한 이 사건은 Me1의 권력을 의심하고 이에 도전하는 일이었다. 다행히 Me1은 상당수 학생이 암묵적으로 허락해 왔던 교사의 특권을 내려놓고 학생들의 의견을 지지하였다. 비로소 학생들은 교사의 권위에 눈치 보지 않고, 자신들의 삶에 영향을 미치는 학급 규칙에 대한 의견을 자유롭게 말하였다. 정치수업의 의미를 살린 중요한 사건이었다. 만약 Me1이 다른 선택을 하였다면 이 수업은 교사가 계획한 활동을 학생들은 따르기만 하면 되는 평범한 수업이 되었을 것이다. 결국, 공동체의 구성원들이 문제를 두고 조율해 가는 정치는 사라지게 했을 것이다. 교실에서 학생의 자유로운 표현을 제한하는 교사의 힘이 사라진 이때, 비로소 학생들은 교사 Me1을 6학년 ○반 정치교실의 한 구성원으로 받아들였다.

[그림 2-3-1] 학급 규칙 다시 보기

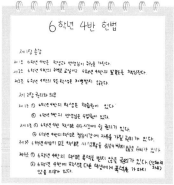

[그림 2-3-2] '6학년 ○반 헌법'의 일부

실제로 이 사건 후 진행된 '6학년 O반 헌법 만들기' 활동에서 학생들이 결정한 헌법 조항에는, '6학년 O반은 학생과 선생님이 주권을 가진다, 6학년 O반의 학생은 학습권이 있고 6학년 O반 선생님은 수업권이 있다'라는 평범하지만 평범치 않았던 조항이 들어 있었다. 학생들은 이제 자신뿐 아니라 Me1 또한 학급 구성원으로서의 동등한 권리를 가진 사람으로 대우하게 되었다.

(2) 우리도 언론사를 만들 수 있나요?

'정당 만들기' 활동의 첫 작업은 '내가 만들고 싶은 학교'를 주제로 각자 일기를 써오는 것이었다. 사회시간에 자신이 쓴 일기를 바탕으로 A4 용지에 각자 바라는 학교의 모습을 한 문장으로 적어 칠판에 붙이도록 하였다. 학생들이 바라는 학교의 모습은 크게 세 가지로 나뉘었고, 이에 따른 세 개의 정당이 성립 가능하였다. 정당에 속하고 싶지 않은 학생들은 언론사와 선거관리위원회에 가입하였다. Me1은 정당마다 그들이 바라는 학교의 모습을 실현할 수 있는 구체적인 정책을 만들어야 하며, 선거관리위원회와 언론사는 정당 활동을 지원, 감시하는 역할을 해야 한다고 언급하였으며, 학생들은 이내 호기심을 보였다. 앞으로 2주 후에는 선호하는 정당에 대한 학급 전체의 선거를 실시할 예정이며, 선거에서 이긴 정당의 정책이 학급 운영에 반영된다는 두 번째 언급에는 각 팀마다 흥미로운 반응과 의지를 나타냈다. 학생들이 정치적 목적을 가지게 된 순간이다.

정당을 만든 당일과 다음 날, 두 명의 학생이 자신의 원래 당을 탈당하여 다른 정당으로 이적하는 일이 발생하였고, 이후 두 정당이 합당되는 일도 일어났다. 결과적으로 학급에는 두 개의 정당(꿀마당, 샘솟는 당으로 당명을 정하였다), 1개의 언론사(심오한 언론사로 정하였다), 그리고 선거관리위원회가 만들어졌다.

수업의 두 번째 사건은 두 정당이 각각 정책을 만들고, 선거관리위원회가 정책 토론회의 규칙을 정하며 언론사가 각 정당의 정책을 취재하던 날 발생하였다. 이 날은 Me1이 언론사를 만든 의도를 학생들과 이야기하는 날이기도 하였다. 사회시 간마다 유독 질문이 많아 수업을 생동감 있게 만들던 김○진이 흥분하면서 이 사 건은 시작되었다.

김○진(꿀마당): 선생님, 저희가 새로운 언론사를 만들어 심오한 언론사를 비판해 야겠습니다.

교 사: 언론사를 하나 더 만들겠다고 생각한 이유가 뭘까?

김○진(꿀마당): 지금 언론사가 이상한 말을 만들어 내는데 사람들이 믿으면 안 되 잖아요. 거짓으로 기사를 쓰니까 우리가 새로운 언론사를 만들어 서 비판을 해야지요.

교 사: 그러면 당원으로서의 역할은 안 하는 거야?

김○진(꿀마당): 아니요. 당원 역할도 하면서, 같이요.

교 사: 그래?

Me1은 정당에서 언론사를 직접 만들면 언론의 공정성을 지킬 수 있는가를 묻 고 싶었던 마음을 접고 상황을 파악하기로 하였다. 꿀마당 당원들은 자신들이 큰 소리로 회의하는 모습만 보고 심오한 언론사가 '꿀마당은 서로 협동이 안 된다'라 는 기사를 낸 것에 대해 화가 났고, 심오한 언론사를 찾아가 거짓되고 편파적인 기 사에 항의하면서 심오한 언론사를 해체해야 한다고 말한 것이다.

심오한 언론사도 화가 나 있었다. 그들은 언론의 역할을 상기시키며, 꿀마당의 항의는 언론의 자유를 위협하는 것이라고 주장하였다.

심○현(심오한 언론사): 원래 언론사는 정치인들이 하는 좋은 모습만 보여주는 게 아니고, 나쁜 모습도 찾아내서, 어떤 때는 몰래 취재도 해서 그걸 국민들에게 알리는 역할을 하는 거잖아요.

오○지(심오한 언론사): 항의를 하러 와서 우리가 잘못했다며 해체해야 한다고 하는 건 아닌 것 같습니다.

심○현(심오한 언론사): 자꾸 우리가 권력을 많이 가졌다고 하는데요. 꿀마당도 권력을 가지지 않았다면 우리에게 와서 소리치고 화내지 않았을 것입니다. 우리만 권력을 많이 가졌다고 하는 건 잘못되었습니다.

Me1은 선거관리위원회에게 이 문제를 어떻게 해결하면 좋을까를 의논해 보도록 하였다. 실제 사회라면 정당과 언론 사이에 문제가 있을 때 선거관리위원회가 나서지 않지만, 외부자인 Me1보다는 선거관리위원회가 꿀마당과 심오한 언론사의 갈등을 중재하는 것이 좋을 것으로 판단하였다. Me1이 꿀마당, 심오한 언론사, 선거관리위원회를 한 자리에 모아 갈등 상황을 설명하자, 다시 꿀마당과 심오한 언론사 사이에 2차 논쟁이 벌어졌다.

김○진(꿀마당): 저희가 언론사를 만들려는 이유를 다시 설명하겠습니다. 우리나라에는 언론사가 아주 많잖아요. 언론사가 하나면 사람들은 그 언론사가 한쪽에 치우치는지도 모르고, 한쪽에 치우친 것만 알 수 있어요. 언론사가 쓴 대로 사람들이 믿을 수밖에 없잖아요. 지금 심오한 언론사는 완전히 저희를 저격하고 있어요. 이걸 바로 잡으려면 저희도 견제를 해야 해요.

김○영(심오한 언론사): 저격당할 일을 했으니까 저격을 하는 거지요.

꿀마당 당원들: 우리는 회의를 하고 있었습니다. 싸운 게 아닙니다.

꿀마당과 심오한 언론사 중 누가 더 잘못인가의 문제는 양쪽에게 모두 중요하다. 갈등의 중재자인 선거관리위원회 학생들은 상황을 가만히 지켜보았다. Mel은 김○진이 공정성을 잣대로 심오한 언론사를 비판하면서도 당원과 언론사의 역할을 동시에 할 수 있다고 한 부분을 다시 짚어야겠다고 생각하였다. 선거관리위원회가 자신들의 책무, 즉 중재와 결정의 기준이나 근거를 고민할 수 있도록 단서를 제공하고 싶었다.

> 교 사: 자, 얘들아, 꿀마당이 언론사를 만드는 문제를 의논해보자. 꿀마당에서는 당원도 하고 언론사도 하겠다는데 어때요?
>
> 신○수(꿀마당): 그건 좀 아닌 것 같아요.

꿀마당의 대변인 역할을 하고 있는 신○수가 먼저 반응하였다. 당대표인 이○희도 가세하였다.

> 교 사: 왜 아닌 것 같아요?
>
> 신○수(꿀마당): 자신이 속한 정당에 치우칠 수도 있잖아요. 그런데 제 생각에도 언론사가 하나만 있는 것도 아닌 것 같습니다. 나라에는 언론사가 많잖아요. 그러면 의견이 자유롭게 나올 수 있어요. 지금 우리 반에는 언론사가 하나밖에 없으니까 의견이 하나밖에 나올 수 없잖아요. 언론사가 두 개 이상이 되어야 좀 더 다양한 의견이 나올 수 있을 것 같아요. 그게 좀 더 공정하다고 생각합니다.
>
> 이○희(꿀마당): 우리나라도 삼권분립으로 세 개의 국가 기관이 권력을 나누어 가지

잖아요. 그런데 우리 반에서는 언론사의 권력이 매우 커요. 정당, 언론사, 선관위가 동등한 권력을 가지고 견제하면서 유지를 해야 하는데, 지금은 심오한 언론사가 쓰는 대로만 사람들이 믿게 되니까 언론사를 하나 더 만드는 게 좋을 것 같습니다.

(중략)

이○희(꿀마당): 언론사가 권력을 가졌다는 건 물리적인 힘을 말하는 게 아닙니다. 사람들을 선동할 수 있는 힘을 가졌다는 말입니다.

자신들의 언론사를 만들 것 같았던 꿀마당 학생들은 Me1이 미처 예상하지 못하였던 문제, 즉 언론사가 하나이므로 발생할 수 있는 문제를 제기하였다. 이○희는 며칠 전 사회교과서에서 배운 삼권분립의 취지를 근거로 삼아 자신의 주장을 펼쳤다. 새로운 언론사를 만들겠다고 나섰던 김○진도 선거관리위원회 앞에서 자신의 입장을 설명할 때, 실제 사회와 달리 언론사가 하나만 있는 상황이 갈등의 본질임을 거론하였다. Me1이 꿀마당 당원인 김○진이 언론사를 만들겠다고 한 점을 중심으로 언론의 자유 보장과 공정성을 다루려고 한 것과 달리, 언론이 가진 힘의 폐해를 경험한 꿀마당 학생들은 힘의 균형과 견제, 이를 바탕으로 한 언론의 공정성을 지적한 것이다. 꿀마당 당원들의 항변은 이 점을 분명히 보여준다.

> 이○희(꿀마당): 권력을 분배하고 사람들이 좀 더 다양한 의견을 들을 수 있도록 언론사를 만들겠다는 건데, 왜 우리가 우리 당만 생각해서 언론사를 만들겠다고 생각하는지 모르겠어요.
> 이○원(꿀마당): 언론사를 하나 더 만드는 게 더 괜찮을 것 같아요.
> 신○수(꿀마당): 맞아요. 언론사를 하려면 당을 나가면 돼요.

사회과 수업과 내러티브

김○진(꿀마당): 저희들은 언론사를 하나 더 만드는 게 목적이 아니에요. 심오한 언론사가 이상한, 편파적인, 공정하지 않은 기사를 쓰는 것을 막고 싶은 것입니다.

사회수업이 끝나고 점심시간에 선거관리위원회 4명, 꿀마당과 심오한 언론사 대표 각각 2명이 모였다. Mel은 그 자리에 함께하지 않았다. 선거관리위원회는 이전 시간에 그들이 정한 정당 활동의 규칙을 다시 알려주고 이 규칙에 어긋난 꿀마당과 심오한 언론사의 행동에 대해 서로 사과하도록 한 후 재발 방지에 대한 다짐을 받았다. 그리고 언론사를 하나 더 만드는 문제는 각 정당에서 언론사가 쓴 기사를 보고 잘못되었다고 생각되었을 때 각 정당에서 반박할 수 있고, 언론사는 이를 기사에 실어주는 것으로 합의하였다. 그렇다고 언론의 자유를 침해한 것은 아니었다. 심오한 언론사의 심○현은 언론의 자유가 보장된 언론의 역할을 다시 강조하였고, 학생들은 이에 동의하였다.

💬

심○현(심오한 언론사): 합의를 하는 건 좋은데요. 만약 안 좋은 게 있어서 취재를 했는데, 그것에 대해서 합의를 안 했다고 해서 기사를 안 쓰게 되면 사람들이 그 당의 안 좋은 점을 모르게 되는 거잖아요.

이○희(꿀마당): 그런 건 상관이 없어요.

최□서(선거관리위원회): 꿀마당에게 불리한 기사를 쓰려면 샘솟는당에게 불리한 것도 쓰는 게 공평할까요?

이○희(꿀마당): 그건 상황에 따라 다를 텐데요. 정확한 사실만 쓰시면 별 상관이 없이요.

김○진(꿀마당): 저희가 잘못한 것을 쓰더라도 이전에 있었던 일도 함께 쓰면 돼요.

독점을 지향하는 정치권력의 속성을 고려할 때, 힘의 균형을 찾아가기 위한 감시와 견제는 민주 정치를 위한 필수 조건이다. 학생들은 이 점을 미리 알았던 것일까? 이 수업이 끝난 얼마 후 '정당 만들기' 활동 두 번째 시간에 선거관리위원회가 만든 정당 활동의 규칙, '1. 권력을 과시하지 말아주십시오.'가 눈에 띄었다.

[그림 2-3-3] 꿀마당과 심오한
언론사의 갈등 조정

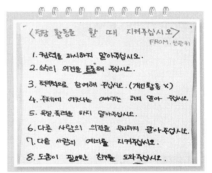

[그림 2-3-4] 선관위가 만든
정당 활동 규칙

전혀 예상치 못하였던 꿀마당과 심오한 언론사의 다툼 사건은 Me1이 EBS '정치교실'과 달리 언론사를 둔 의도, 즉 실제 정치에서 가장 중요하다고 생각하는 감시와 견제를 드러내는 데 충분한 역할을 하였다. 오히려 Me1이 언론의 순기능에 초점을 두어 정치권력에 대한 감시와 견제를 보았던 것에 더하여 학생들은 언론의 권력과 역기능을 들어 감시와 견제를 따져 물었다. 자신들의 역할과 목적에 몰입하여 각자의 관점에서 감시와 견제를 해석함으로써 Me1이 의도한 것보다 더 풍부한 정치 관련 쟁점을 만들어 내고 훨씬 더 생생한 정치 수업이 되어갔다.

수업에 리듬이 생기는 시점이 있다. 학생들은 수업자가 만든 가락을 알아차리고 절묘한 음표와 쉼표를 넣어 새로운 리듬을 만들어 낸다. 돌이켜보면 이 사건은 4주간 이어진 수업의 흐름에서 학생들이 새로운 수업의 리듬을 만들게 한 결정적 사건이었다. 학생들은 이를 계기로 이전보다 더 적극적으로 교실 정치의 주체이자 수업의 주체가 되었다.

> 이제 '정당 만들기' 수업은 내 손을 떠났다는 느낌이 든다. 나는 그날그날 할 수 있는 활동을 안내하는 활동지만 준비할 뿐이다. 수업시간이 되면, 아이들은 잠깐 나의 안내를 듣고 수업을 이끌어 간다. 내가 하는 일은 사진을 찍거나 녹취를 하는, 연구 목적을 가지지 않았다면 굳이 필요하지 않는 일 정도이다. 그나마 내가 하는 중요한 일은 2개의 정당, 선관위, 언론사를 다니며 그들의 이야기 속에서 1단원과 관련지어 더 생각해 보아야 할 쟁점을 찾는 것인데, 그 순간에도 아이들은 그들끼리 논란이 되는 점을 놓고 토의와 토론을 이어가곤 한다. 그래서 수업 후에 굳이 다시 그 부분을 말해야 하나 싶기도 하다.
>
> ('Me1'의 수업 실천 일기 중에서)

(3) 기권이 10표나 돼!

꿀마당과 샘솟는당에서 만든 정책을 토론하는 정책토론회를 마친 이틀 후, 선거 유세와 투표가 진행되었다. 이틀 동안 각 정당은 자신들의 정책을 보완하고 선거 유세 준비를 하였으며, 선거관리위원회는 선거 규칙을 정하고 투표용지, 선거인 명부를 만들었다. 언론사는 사전 여론 조사를 하였고 선거관리위원회와 함께 선거 관련 공익 광고를 만들었다. 그런데 선거관리위원회장을 맡고 있던 최ㅁ서가 Me1이 전혀 생각하지 않은 제안을 하였다.

최□서(선거관리위원회): 선생님, 투표용지에 기권 칸을 만들까요?

순간 궁금하였다. 실제 투표용지에는 없는 기권 칸을 만들면 어떤 결과가 나올까? 기권에 대하여 학생들은 어떻게 생각할까? 기권을 선택한 학생이 있다면 왜 그 학생은 기권을 선택한 것일까? Me1은 선거관리위원회에게 정당과 언론사에 물어보고 결정하도록 하였고, 학생들은 기권 칸이 있는 투표용지를 사용하기로 합의하였다.

선거 유세와 투표를 하기로 한 날, 우리 반과 6학년 □반은 선거 유세장으로 정한 교실에 모였다. 6학년 □반도 우리 반과 비슷한 수업을 진행하고 있었고, 나와 □반 교사는 보다 많은 사람을 설득하여 권력을 잡아야 하는 정당의 속성을 이해시키기 위해 두 학급 학생 모두에게 투표권을 주는 즉흥적 결정을 하였다. 학생들에게는 투표 전날 이 결정을 알렸다.

선거 유세와 투표는 선거관리위원회의 주관으로 이루어졌다. 선거관리위원회가 정한 순서에 따라 각 정당 당원들은 구호를 외치고 정책을 설명하였으며 다른 학생들의 정책 질의에 답변하였다. 선거 유세 후 투표장으로 정한 우리 반 교실로 와서 두 학급의 학생 수를 합한 49명 유권자의 투표가 진행되었고, 6학년 □반에서 개표가 이루어졌다.

●9

꿀마당 22표, 샘솟는당 17표, 기권 10표

투표 결과 꿀마당은 박수를 쳤고, 샘솟는당은 실망하였다. Me1은 기권 10표에 주목하였다. 투표에서 '기권' 문제를 토론할 수 있는 절묘한 결과였다. 개표장이었던 ㅁ반 교실에서 돌아온 학생들로부터 심오한 언론사의 사전 여론 조사 결과를 들었다. 사전 여론 결과에서는 꿀마당과 샘솟는당의 표 차이가 거의 없었다. 결정적인 것은 기권 10표였다. 학생들의 생각이 궁금하였다. '기권 10표가 주는 의미가 무엇일까? 기권은 자신의 권리를 포기한 것일까? 아니면 자신의 의사를 표현할 것일까?'라는 질문을 던졌다. 그리고 자신의 생각을 적도록 하였다. 공개 토의나 토론을 하게 되었을 때 기권을 선택한 학생들이 자신의 생각을 자유롭게 표현하지 못할 수도 있겠다고 판단했기 때문이다.

학생들은 기권을 자신의 권리를 포기한 것이라고 하였다. 기권이 우리 반 투표 결과에 큰 영향을 주었다고 보았기 때문이다.

> 이○은(샘솟는당): 개표를 하는데 심장이 막 쫄깃쫄깃하였다. 우리 반은 기권도 할 수 있었는데, 기권이 10표나 나와서 좀 충격이었다. 기권표가 없었더라면 우리 당이 이겼을지도 모르지만, 그래도 꿀마당이 이겼을지도 모른다. 기권은 권리를 포기한 것 같다. 투표는 자신의 권리를 표로 표현하는 것인데 아예 기권을 했기 때문이다.
>
> 오○지(심오한 언론사): 기권을 한 사람들은 양심이 없는 것 같다. 기권을 했을 때 어떤 일이 일어날 수 있는가를 생각했어야 했다. 만약 기권을 선택하지 않고 투표를 했으면 샘솟는당이 이겼을 수도 있다. 기권한 사람은 선택하는 게 어려웠던 게 아니라 귀찮거나 권리를 포기한 사람 같다.

반면에 자신의 의사를 표현한 것으로 보는 학생들도 많았다. 그중에서 정당하다, 그렇지 않다는 기준에 따라 다른 해석을 보였다. 박○경은 기권은 '정당한' 의

사 표현이 아니므로 권리를 포기한 것과 다르지 않다고 보았다.

> 박○경(샘솟는당): 기권은 자신의 의사 표현 중 하나이다. 그렇지만 정당한 의사 표현은 아닌 것 같다. 자신은 별로 상관이 없다고 기권을 사용하는 것은 권리를 포기하는 것 같긴 하다.

선거관리위원회였던 박○지와 김○지는 자신들이 기권 칸을 만들었던 취지를 밝히며 기권을 의사 표현이라고 보았다. 기권은 권리의 포기가 아닌 제3의 선택인 것이다.

> 김○지(선거관리위원회): 1번과 2번의 정책이 모두 마음에 안 들거나 아예 투표를 하고 싶지 않은 사람들이 투표를 한 것이다.
> 박○지(선거관리위원회): 둘 중에서 뽑는 게 어려운데 무조건 하나를 뽑으라고 하면 답이 없다. 그래서 기권 칸을 만들었다.

기권을 선택한 것을 분명하고 적극적인 의사 표현으로 보는 학생들도 있었다. 두 정당의 정책이 모두 마음에 들지 않았을 것이라는 이유에서 이다.

> 이○원(꿀마당): 기권은 정당한 표현이다. 왜냐하면 스스로 선택한 것이기 때문이다.
> 최○경(샘솟는당): 정당한 표현이라고 생각한다. 그것은 자신의 의견이 다른 정당들과 다르다는 표현이기 때문이다.

이○빈(꿀마당): 기권은 정당한 표현이다. 그 이유는 꿀마당과 샘솟는당 정책에서 마음에 드는 정책이 안 나왔으면 기권을 할 수 있다.

김○영(심오한 언론사): 나는 우리 반 그 어느 당에도 투표하지 않았다. 이유는 두 가지이다. 첫 번째는 두 당의 정책 모두 불만족스러웠기 때문이었다. 꿀마당의 정책은 구체적인 계획이 없어 신뢰가 안 갔고, 샘솟는당의 정책은 너무 편파적인 결과를 불러올 것 같았기 때문이다. 그래서 기권을 했는데 아이들이 기권에 대해 안 좋게 말해서 기분이 좀 그랬다. 이것도 내 나름의 의견인데.

판단을 유보한 학생도 있다.

❝❞

이○리(선거관리위원회): 의사 표현인 것 같기도 하고, 권리를 포기한 것 같기도 하다. 사람마다 생각이 다르기 때문에 정답은 없는 것 같다.

사회교과서에는 선거에의 참여가 헌법이 정한 국민의 권리를 행사하는 일이며 국민이 정치에 참여할 수 있는 중요한 방법이라고 기술되어 있다. 그래서 투표장에 가지 않는 기권은 국민의 권리를 포기한 것이며, 정치에 참여하지 않는 것으로 여긴다. 이러한 분석은 수업에서 발생한 기권 문제를 둘러싼 다양한 해석을 방해할 수 있다. 학생들은 특수한 상황에서 등장한 기권의 문제를 그들의 시각에서 나름대로 이해하고 있었다.

수업에 등장한 기권 10표는 정치 상황에서 완전한 승자도 패자도 없으며, 실제 정책을 실현하는 데 있어서 또 다른 치열한 토론과 새로운 합의의 가능성이 열려 있음을 보여주었다. 이것은 학생들의 말에도 이러한 짐작이 가능하다.

신○수(꿀마당): 우리는 투표를 했다. 거기서 꿀마당이 됐는데 기권이 10표나 나왔다. 우리 당이 돼서 좋았지만 기권이 10표여서 마음에 걸렸다.

오○지(심오한 언론사): 당선거는 꿀마당이 이겼다. 나는 샘솟는당을 뽑았는데 아쉬웠다. 샘솟는당의 마니또나 사행시가 좋았는데, 꿀마당이 그 정책들을 받아들이면 좋겠다.

[그림 2-3-5] 꿀마당의 정책 만들기

[그림 2-3-6] 샘솟는당의 선거 포스터

나. 남겨진 이야기

'정당 만들기' 수업을 하는 과정 중에 Mel은 다음 수업을 다시 계획하였다. 선거에서 이긴 정당을 중심으로 정부를 구성하여 학생들이 실제로 정책을 펼쳐보도록 하는 계획이었다. 학생들에게 알리자, 반응은 매우 좋았다. 정당에 속한 학생들은 정책을 만들 때 교사 Mel과 정책의 실현 가능성을 조율하였고, 언론사를 맡은 학생들은 정책이 우리 반 교실과 친구들에게 미칠 영향을 비판적으로 살폈다. Mel은 절묘한 투표 결과로 인해 정책을 펼치는 일은 훨씬 더 흥미로울 것으로 기대하였다.

그러나 이 계획은 실행되지 못하였다. 우선 물리적인 시간이 부족하였다. 일반적으로 사회교과서는 한 단원을 가르치는 데 한 달 정도로 설계되어 있는데, 이 수업과 관련된 1단원 두 주제를 공부하는 것에만 한 달을 넘겼다. 또 다른 이유는 프로젝트 수업이 주는 높은 피로감이 수업의 효과를 감소시킬 수 있다는 생각 때문이다. 학생 중에는 교사가 풀어내는 설명을 듣는 것을 선호하고, 활동에서 소외감을 느끼는 학생도 있다. 그래서 교사는 한 가지 수업 방법을 고집할 수 없다.

그렇지만 꿀마당의 정책이 사장된 것은 아니었다. 그 정책들은 학급의 일상에서 실현되고 있다. 선거 다음 날 '점심시간에 두 곡 이상 노래 감상' 정책이 실현되었고, '체육시간의 철저한 보장'을 위하여 체육을 하지 못하는 날에는 다른 시간을 내어 체육수업을 하였다. 정책을 지키지 못하는 일이 생기면 교사 Mel은 학생들에게 상황을 설명하고 설득한다. 이러한 일들은 가끔 번거롭다고 느껴졌지만, 그것을 실현하지 않으면 '정당 만들기' 수업의 목적이 퇴색될 것이라는 생각 때문에 Mel은 정책을 지키거나 학생들과 타협하는 일, 그리고 동의를 구하는 일을 지속하였다.

학생들은 이제 꿀마당의 정책을 실현하는 일을 넘어서서 학급 및 학교의 다른 문제에도 그들의 목소리를 내고 있다. 11월 말에는 교원개발능력평가를 위한 학생 만족도 조사가 있었고 반 학생들은 평가지를 작성하고 나서 다음과 같이 이야기하고 있었다.

최□서: 저희가 영양사 선생님에게 고기를 먹지 못하는 사람들을 위해 고기가 들어가지 않는 밥을 따로 준비해 달라고 건의했어요.

최○경: 어제 저희들끼리 의논했어요. 오면서 물어봤는데요, 12명 정도 적었대요.
아이들: 저도 썼어요.

며칠 전 점심시간, 고기가 섞인 볶음밥이 나왔고, 고기를 먹지 못하는 Mel은 점심을 먹지 못하는 상황이 발생하였다. 이때 몇몇 학생들은 Mel의 일을 제 일처럼 안타까워하였다. 평가 결과를 보고 당황할 영양사 선생님이 걱정되긴 하였지만, 학생들의 건의 내용은 기특하다는 생각이 들었다.

김□진: 고기를 먹지 않는 소수자를 배려해 달라고 했어요.
최□서: 고기를 좋아하는 사람들이 많지만 싫어하는 사람도 있다고, 그 사람의 인권을 보장하기 위해서 흰밥이 따로 필요하다고 적었어요.

그들이 자신이 아닌 다른 사람을 위해 목소리를 내었다는 점에서, 1학기에는 선생님을 걱정하는 말로 그쳤던 것에서 이제 그것을 현실의 문제로 인식하고 해결하고자 한다는 점에서 놀라웠다. '정당 만들기' 수업을 마친 후 정치란 무엇인가를 다시 물었을 때 이○빈의 말은 이미 교과서를 넘어선 현실의 정치를 내포하고 있었다.

이○빈: 정치란 여러 사람에게 영향을 끼치는 문제를 해결하는 것이다. 정치를 할 때는 나만을 생각하는 것이 아니라 공동의 문제를 생각하고 해결하는 것이다.

이 사건 후 고기가 섞인 밥이 나왔을 때 영양사 선생님은 흰밥을 따로 준비해 주었다. 교사의 식판에 담긴 흰밥을 보고 학생들은 환호했다. 사실 학생 만족도 조사 결과가 나오기 전이어서 영양사 선생님은 학생들의 건의 사항을 보지 못한 상황이었고, 그날은 우연히 영양사 선생님이 흰밥을 별도로 준비한 것이었지만, 학생들이 느꼈을 성취감을 지켜주기 위해 이 일은 비밀로 해두기로 하였다.

'우리는 원래 이렇게 했어요.'라고 말했던 학생들은 '우리가 왜 그렇게 해야 하나요?'라고 묻는다. 학생들은 학교의 주체로 나아가길 원하고 있고 학교가 변화하길 기대하고 있다.

4. 정치 수업을 한다는 것의 교육적 의미

정치교육을 한다는 것은 정치 관련 수업을 통하여 생활에서 일어나는 정치 현상을 이해하고 이를 토대로 학생들이 정치 참여의 중요성을 알고 실제 참여하도록 이끄는 일을 말한다. 그러나 정치교육 관련 연구에서는 학교 교육이 학생들의 정치적 소양은 물론 정치적 지식의 습득에서조차 효과가 낮음을 비판한다. 이러한 비판의 요인은 교과서 속의 정치 내용이 박제된 지식에 불과하고, 실제 우리 사회의 정치적 현상이나 변화에 대한 민감성이나 참여 가능성을 지니지 못하기 때문이다. 교과서의 내용을 중심으로 실행되는 다수의 교실수업은 실제 사회에서의 정치적 환경을 담아내지 못한다.

학생들은 교과서로 하는 정치수업을 벗어나는 순간 수많은 정치 현상과 정치 제도들을 만나게 된다. 정치란 단순히 어른의 삶 속에만 존재하는 것이 아니다. 수업자 Mel은 학생을 단순히 미래의 주인공으로 두지 않는다. 학생들은 미래의 지도자인 '희망의 어른'이 아니라, 지금 이곳에서 그들의 삶에 내포된 그들의 문제를 이야기하고 실천하려는 '지금의 어린이시민'이다. 수업자 Mel의 정치수업은 6학년 학생들이 살아있는 삶 속의 정치를 만났을 때 무엇을 배울 수 있는가에 대한 답을 제공한다. 그들의 수업에는 믿음과 긴장이 공존하고 그들의 교실과 학교 공간을 무수한 '참여'의 형태로 열어가려는 의지가 있다.

가. 의도된 수업, 의미 있는 수업

수업자 Mel이 만든 프로젝트 수업계획은 학생의 반응과 수업의 결과를 예측하지 않았다. 어떠한 의견으로 정당이 만들어지고 각 정당의 대표는 누가 될지 모른다. 그들이 결정한 정책은 무엇이고 선거관리위원회는 어떠한 일을 시도할지 알 수 없다. 정당의 정책을 홍보하고 감시하는 언론의 역할 또한 제대로 수행될지 알 수 없다. 교사의 수업계획은 늘 불완전하다. 불완전한 계획은 수업에 대한 교사의 불안감을 가져온다. 그러나 불완전함과 불안함을 느끼면서도 수업자 Mel은 이러한 수업을 계획하고 실행하였다. 수업자 Mel의 '정당 만들기' 수업은 교사의 불완전성과 불안을 넘어 존재하는 학생에 대한 믿음과 가르침을 향한 용기를 보여준다.

수업계획과 달리 수업을 실행하는 것은 학생을 수업 안으로 들어오도록 하는 일이며, 교사와 학생이 함께 수업을 만들어간다는 의미이다. 수업자 Mel의 '정당 만들기' 수업은 교사의 계획으로 학생이 이끌어 가는 수업이다. 학생들은 '석면 없는 학교', '엘리베이터 많은 학교', '과학실 넓은 학교', '강당이 넓은 학교', '책이 많은 학교' 등 만들고 싶은 학교의 모습에 대한 다양한 의견을 제시하였고 그 이유를 통하여 재미를 추구하는 당(재밌당), 만족을 주는 당(마당), 행복을 추구하는 당(샘솟

사회과 수업과 내러티브

는당) 등 같은 의견을 가진 학생들이 모여 정당을 만들었다. 예상치 못한 정당 탈당 사건 이후 재밌당과 마당이 합당하여 새로운 꿀마당을 만드는 과정에서도 수업은 이미 교사의 계획에서 벗어나 학생 자신들이 만드는 수업을 향한 변곡점을 만들어간다. 탈당과 합당의 지점에는 그들 간의 갈등과 침묵, 그리고 긴장과 불안이 있다. 이러한 지점들은 정책을 발표하고 토론하는 순간에도, 꿀마당과 언론사의 다툼 과정에서도, 교사에 대한 반론 제기와 선거 유세, 그리고 정당 투표 결과에서도 명료하게 드러나고 펼쳐진다. 이 지점마다 수업은 다른 리듬을 타고 새롭게 탄생한다. 수업자 Me1의 이야기에는 의도한 활동 이외의 변주의 지점이 있고, 그 지점마다 학생들이 엮어 가는 새로운 리듬이 보인다.

만약 수업자 Me1이 정치의 뜻과 정당의 정책을 중심으로 설명하는 수업에 충실했다면 이 수업은 정당의 필요성을 중심으로 정치를 이해하는 안정된 수업에 머물렀을 것이다. 같은 입장을 지닌 사람이 모여 정당을 만들고 학급과 학교의 현재를 개선하기 위한 정책을 만들며 다수의 시민이 선택하는 정당이 되기 위하여 토론과 설득의 과정을 거치도록 만들어간 이 수업은 결과를 예측할 수 없는 수업이었다. 수업은 정당의 정체성과 정책의 정당성을 부여하며 설득과 선택의 과정을 겪는 일 모두 학생의 의견과 토론에 따라 변하였다.

수업자 Me1이 정치의 의미를 알고 수업을 설계하는 일과 실제로 학생이 정당인이 되어 당선의 기쁨을 누리는 전 과정을 겪는 일은 매우 다르다. 교사의 불안감은 학생의 믿음 덕분에 안정을 찾았고 학생의 의견을 존중하는 교사의 유연함과 개방성은 학생 간의 갈등과 긴장을 넘어 새로운 탐험을 지속시킨 힘으로 작동하였다. '정당 만들기' 수업은 개인의 목소리를 수용하면서도 공동체의 이익을 추구하고, 긴장과 갈등을 겪으면서도 새로운 합의의 가능성을 열어 가는 수업이었다.

나. 자신을 드러내는 용기, 변화를 위한 시도

　'정당 만들기' 수업에서 학생들은 만들고 싶은 학교에 대한 자신의 의견을 적극적으로 드러내고 그에 합당한 정책을 제시하며, 이를 관철시키기 위하여 토론과 설득, 투표 등의 다양한 행위를 시도한다. 이러한 행위가 곧 참여이다. 참여 행위의 기본은 바로 자신을 드러내는 일이다. S초등학교 학생들은 자신을 드러내는 참여 행위를 함으로써 적극적인 주체가 되었고 공적 문제에 영향력을 발휘하게 되었다.

　참여는 '나'를 스스로 드러내는 일이다. 나를 드러내는 일이란 마음속 생각으로 머물지 않고 공적 문제에 의사를 분명히 하는 일이다. 이 수업에서 수업자 Me1은 선생님은 엘리베이터를 타지 않았을 것이라는 학생의 예측을 깨뜨리고 자신의 행위를 솔직하게 고백한다. 학생들은 그에 대한 자신의 의견을 드러내기도 하고, 자신의 입장과 의견이 일치하는 학생과의 연대를 통하여 집단의 의견을 개진하기도 한다. 또한, 개진된 의견을 다른 사람에게 알리고 설득하며 파기하는 과정을 통하여 새로운 정책을 만들며, 투표를 통하여 인정받기를 기대한다. 참여란 용기를 내어 개인의 의견을 드러냄과 더불어 집단의 의사를 드러내는 일 또한 수반한다. 정치에서의 참여는 개인의 행동이 아닌 다수의 행동으로 전환될 때 더욱 강력하다. 집단의 의견을 드러내는 일은 정치적 힘을 표시하는 일인 것이다.[26]

　또한, 참여는 개개인의 사적 영역보다는 공적 문제와 관련된 일을 드러내는 것과 관계가 깊다. 감추고 싶은 부끄러운 일을 드러냄으로써 공공의 문제로 환원하는 것이다. 이 수업의 경우 학생과 교사가 머무는 학교 공간에 대한 문제 인식은 수업자로부터 출발하였다. 수업자 Me1은 S초등학교의 대표 선출과정에서의 정당성 문제를 제기한다. 학급 대표가 학교 대표로 출마하는 현실에서 학교의 어린이 대표인 전교어린이회장을 선출하는 과정은 문제가 있다고 여겼기 때문이다. 학생들은 학급의 대표를 학교의 대표로 적합하지 않다고 의견을 드러낼 수 있다. 그러나 S초등학교의 투표 방식은 각 학급 내에서 투표하고 학급 내에서 미리 결과를 확인하는 방식이며, 이 방식은 결과적으로 학급 내 학생들이 다른 학급의 학생을 대표로 선출할 권리를 제한한다. 학생들은 자신의 학급 대표를 학교의 대표로 선출하지 않은 것에 대한 죄책감을 느낄 수 있고, 학급 대표는 자신을 뽑지 않은 학급 내 학생에 대한 실망감을 느낄 수도 있다.

대표 선출의 문제는 공동의 문제로 환원되었다. '정당 만들기' 수업은 정당을 통하여 공적 문제를 인지하고 집단의 합의를 통하여 의견을 드러내어 해결하고자 하는 수업으로, 참여의 정치적 성격을 알리는 수업이다. 수업자 Mel이 교과서에 제시되지 않은 정당을 내용으로 선택한 이유는 공적 문제에 대한 집단 연대의 힘과 그 힘이 발휘되는 정치 참여의 의미를 제대로 이해하길 원했기 때문이다. 수업자의 교실에서 표출된 정당의 정책 제시는 교사의 권력을 제한하는 힘으로 발휘되기도 하고, 민주 정치의 근원이 참여에 있음을 입증하는 행위이기도 하다. 참여는 힘(Power), 즉 권력을 만들어가는 근원인 것이다.

이러한 힘은 필요한 규칙을 제시하고 불필요한 규칙을 폐기시킨다. 학생들은 정당 수업을 통하여 학급의 규칙을 살피고 개선하려는 노력을 시도하였다. 일상적인 수업의 궤도를 바꾸고 교사의 생각을 변화시키며 평소에 행하기 어려웠던 다른 학급과의 공동 투표도 시도한다. 참여란 문제의 개선을 목적으로 하여 변화를 가져오는 큰 힘이었다. 수업자 Mel은 학생의 의사를 인정하고 그들의 연대와 갈등을 인정하며 변화를 향한 그들의 실천을 독려한다. 교사는 이러한 과정을 애초에 실행하고자 계획하였다기보다는 정치수업의 과정에서 학생들로부터 자연스럽게 터득하였고 학생으로부터 배우고 감동하였다. 수업자의 의도가 공적 삶의 문제, 즉 학급 규칙의 문제, 학교 대표 선출의 문제 등을 인지하고 해결하는 과정을 찾도록 하는 것이었다면, 실제 수업은 용기 있게 의견 드러내기, 공적 문제에 대하여 함께 인식하고 합의하기, 그리고 정당의 힘과 투표의 힘으로 변화 시도하기 등 참여의 본질을 이해하는 수업으로 확장되었다.

학생들은 미래의 시민으로서 익혀야 할 정치 지식을 배우는 견고한 수업에서 탈피하여 현재의 시민이 해야 할 자신의 역할을 실행하게 되었던 것이다.

다. 스스로 판단하는 힘, 함께 합의하는 과정

학교나 사회에서 얼마나 많은 학생이 자신의 의견을 개진하여 학교 문화나 제도를 바꾸는 데 기여하고 있는가? 국가의 주인은 국민이며 학교의 주인은 학생이라고 명시하는 원칙론자는 많지만, 여전히 학교는 학생의 공적 삶을 존중하지 못한다. 학교는 학생들의 일상적인 삶의 공간이다. 그러나 학생은 함께 사는 공동의 장에서 제기되는 문제를 인식하거나 개선하는 적극적 권리의 주체로 살아가지 못한다. 이것은 학생의 삶이 공적인 삶으로 인정받지 못함을 말한다. 학교에서의 학생들은 규칙을 지키고 학교 행사에 참여해야 하는 의무적 삶을 산다. 함께 살아가는 일은 인간이 사회적 존재임을 뜻하는 것 같지만, 그것은 적응하고 어울려 살아가는 일을 넘어서서, 보다 나은 삶을 살기 위한 권리를 갖는 일, 그리고 그 권리를 행사하기 위한 합리적 판단과 행위를 필요로 한다는 점에서 인간의 정치성을 요구하는 일이다. 공동의 삶에서 필요로 하는 규칙은 구성원의 권리 행사와 공동 합의를 거칠 때 제 기능을 발휘할 수 있다.

수업자 Me1의 '정당 만들기' 수업은 공적 삶에서 제기되는 문제를 문제로 판단하는 순간을 포착하고 의견을 제시하고 합의할 수 있는 권리를 존중하는 수업이다. 개인적이고 사소한 문제는 누군가와의 합의가 중요하지 않다. 그러나 이 수업에서 드러나는 공적 문제는 판단과 합의가 중요하다. 그것은 공동의 일에 관심을 가지고 각각의 의견을 경청하며 자신과 타자의 생각을 동시에 고려하는 일에서 출발한다. 공적 문제에 대한 관심은 정치적 문제로 귀착된다. 수업자 Me1의 '정당 만들기' 수업에서 제기되는 바람직한 학교는 학생들이 만든 정당, 그 공적 집단이 추구하는 사회이다. 정당은 바람직한 학교의 상을 제시하고 현재의 학교에서 그들의 문제를 찾아간다. 언론사와 선거관리위원회는 정당의 입장을 알리고 선거 과정을 관리한다. 현실에서 벌어지는 언론과 정당의 갈등, 선거관리위원회의 역할 또한 수업에서 자연스럽게 살아난다. 실제 사회에서 행해지는 정당의 역할과 규모, 혹은 투표 방식은 수업과 차이가 있지만, '정당 만들기' 수업에서 보여준 경쟁과 견제, 조율과 합의 등 좋은 학교를 만들기 위한 정책 개진 과정은 실제의 모습과 유사하다.

수업자 Me1의 정치수업에는 공적 문제를 인식하는 지점과 그 지점마다 대화와 갈등, 그리고 합의를 통하여 문제를 해결하고자 하는 과정이 있다. 대화와 타협 혹은 갈등과 합의를 통하여 결정된 정책들은 수업 이후의 교사와 학생의 삶에서 유감없이 그 힘을 발휘한다. 이 수업은 가르치고 배운다는 일방적인 교사–학생의 관계 대신, 학생들은 교사 Me1을 존중함과 동시에 보호하고 있으며, 교사는 이를 통하여 가르침과 배움의 기쁨을 동시에 누리고 있음을 보여준다. 수업자 Me1은 학생 앞에서 부끄럽지 않은 교사가 되기 위한 성찰과 교육적 책임이 필요함을 깨닫게 되었다.

라. 정치를 이해한다는 것, 정치에 참여한다는 것

학생들이 정치의 의미를 이해하는 일은 정치적 문제에 참여함으로써 가능하다. 정치적 문제를 발견하는 일은 문제에 대한 기본적인 이해와 대화로 출발한다. 정치문제에서의 대화는 일방적인 설명이 아닌, 당사자 간의 상호 이해를 바탕으로 하는 설득이다. 즉 정치문제에서의 대화는 문제에 대한 의견 교환과 각의견에 대한 당사자 간의 합의 관계에서 비롯된다. 학생에게 중요한 정치적 문제는 학교 사회에서 발생하는 문제일 것이다. 정치의 의미는 학생 당사자의 당면 문제를 학생이 적극적으로 해결하고자 하는 의지가 있을 때 이해될 수 있다. 그러나 의지가 있다고 하여 문제가 쉽게 해결되는 것은 아니다. 공적 문제는 각자의 이익과 집단의 의견이 맞물려 있다. 의견이 일치하지 않을 가능성도 크며 시간적 제약으로 대화가 단절되는 경우 또한 흔하다. 합의라기보다는 타협이 필요할 수도 있고 온전한 이해보다는 경청이 중요할 수 있다. 정치에 참여한다는 것은 그 복잡한 과정에 들어가는 것이고, 그 과정을 통하여 문제의 해결 소지를 찾아가는 것일지도 모른다. 이런 의미에서 수업자 Me1의 수업은 정치에 대한 보편적 이해가 아닌 정치 참여의 복잡한 과정을 사건을 통하여 체험함으로써 인식하게 한 환원적 수업이다.

'정당 만들기' 수업을 마무리 한 학생들은 끊임없이 학교와 학급의 일에 관심을 보이고 있다. 이들의 관심은 문제 제기로 이어지고 그것은 해결을 위한 집단 내부자의 대화로 이어진다. 학생들은 이전과 비슷한 일상적인 학교생활을 살고 있지만 주어진 역할에 대한 의문과 그 의문에 대한 해결 과정을 두려워하지 않는다. 정당을 통하여 정치를 이해시키고자 한 교사의 의도는 '정당 만들기' 수업에 참여함으로써 정치의 의미를 새롭게 알고 일상적 삶에서 정치에 참여하는 방법이 가능한 수업으로 귀결되었다. 정치수업은 정치참여의 삶 자체이다.

초등 학교 '정당 만들기' 수업을 통하여 우리는 일상의 삶에서 정치를 이해한다는 일이 정치적 삶을 사는 일과 유사함을 찾을 수 있다. 교과서가 의도하는 정치는 지금 우리의 삶이 아닌 지금까지의 제도와 규범을 토대로 만든 정치이다. 그러나 이 수업에서 교사와 학생은 과거의 정치나 미래의 정치가 아닌 오늘의 정치를 배운다. 수업자 Mel의 정치는 공동의 삶을 향한 관심과 참여로 마무리되었다. 정치를 가르친다는 것은 정치의 의미를 알도록 하는 일인데, 수업자 Mel은 공동의 삶에 관여하고 참여하는 일을 중시하는 것이 정치임을 입증한 것이다. 학생들은 학교라는 공동의 사회에서 공적 문제를 찾아 자신의 의견을 드러내는 자유를 가지게 되었고, 경청과 대화를 통하여 타협이나 합의 과정이 중요함도 알게 되었다. 공적 영역의 관심사를 찾아 개인의 자율성과 공동의 목적성을 이루려는 이것은 곧 정치적 행위이다.

학생들은 학급과 학교의 일에 관심을 가지고 행위 하는 시민이다. 그들은 교사가 혹은 교과서가 제시한 정치의 개념과 정치제도를 아는 것에서 머물지 않고 각자의 의견을 개진해 가는 것이 정치임을 알게 되었다. 수업자 Mel은 여백이 있지만 여전히 불안한 수업 만들기에서 벗어나 학생과 함께 도전하는 새로운 수업을 만들어갔다. 수업자의 설명 대신 학생들의 설득이 존재하고 교사의 강한 의견 대신 학생의 복수 의견이 존재한다. 이들의 '정당 만들기' 수업은 정치를 배우는 수업이며 나아가 수업의 민주주의, 그 중요성을 깨닫게 하는 수업이다. 민주정치 수업은 민주적인 수업으로 대체되어 정치와 정치 참여를 동시에 보여주었다. 민주주의에 대한 수업은 곧 수업의 민주주의와 함께 성장한다.

정치에 참여한다는 것은
진심으로 사회 문제에 대하여 생각하고 고민하며 공동체 활동을 만들어가는 것이다.
(오○지 학생의 수업 후기 중에서)

미주

1부

1   이 시간은 오랜 시간, 일정 시간이라고 단정할 수 없다. 애초에 존재하지 않을 수도 있었던 일이 존재함으로써 사건이 되므로, 누군가가 사건이라고 부르는 순간 그 누군가라는 존재는 현실로 드러나고 그로부터 만들어지는 세계가 존재하게 된다. 즉 어떤 일이 일어난다고 해서 모두에게 사건이 되는 것이 아니며, 그것을 사건으로 여기는 순간 또한 동일 시간으로 존재하는 것이 아니다.

2   서양의 중세에서는 이데아 중의 이데아, 가장 완전한 존재를 상정함으로써 그리스 철학을 보다 견고한 사유의 환경에 위치시킨다. 이후 서양 근대 철학에서 '주체' 개념을 확립함으로써 전통적인 형이상학을 어느 정도 극복하려 한 시도도 보이지만, 그 기반은 여전히 견고하다. 근대에서조차도 데카르트의 '나는 생각한다. 고로 존재한다'라는 말에서 보듯이 변화하는 환경에서 보다 견고한 중심을 찾고자 하는 데 있었고, 이에 가변적인 것들은 모두 사유에서 배제되는 것에 불과하였다. 데카르트의 사유 도식에서 가변적인 것은 왜 사유에서 배제되는지에 대한 이유가 설명되지 않는다(박기순, 2007, 48).

3   플라톤은 이를 '이데아'로 부른다.

4   이정우(1998, 144)는 하나의 나뭇잎이 푸른 상태에서 붉은 상태로 변하는 경우를 예로 들어, 나뭇잎, 푸르름, 붉음 등의 사물과 형상은 그 존재를 인정받지만, 푸르른 나뭇잎이 붉은 나뭇잎으로 변화하는 그 순간의 '됨'은 어떠한 존재성(실재성)도 부여받지 못함을 사례로 들어 사건이 생성되는 그 순간의 실재성이 중요함을 언급한 바 있다.

5   들뢰즈는 사건이 발생할 때 의미도 발생한다고 본다. 즉 의미는 사건과 동시에 현존하는 것이다. 의미는 대부분 언어로 포착되어 언어로 표현되기에, 의미가 보여주는 것은 사건 자체라

기보다 사건의 의미와 가깝다. 사건의 의미는 언표를 통하여 존속할 수 있다. 물체나 언표는 의미를 떠안고 실존하는 것이지만, 사건과 의미 자체는 존속한다. 의미는 주체, 다시 말해 주체의 의식에 의해 이루어지고 물체와 언표로 포착되어 표현된다. 사건으로서의 의미는 언표로 표현되어 언표 안에서 존속하지만 본래는 세계에서 발생하는 것이다(이정우, 1998, 153).

6 이때의 이야기 또한 어떠한 사건이 담긴 사례를 각색한 이야기인 경우가 많다.

7 김한종(1999, 83)은 내러티브를 하나 또는 일련의 사건을 글이나 말의 형태로 전달하는 것(담론), 또는 그러한 글이나 말(스토리)을 의미한다고 하였으며, 강선주(2011, 32)는 바톤(Keith Barton)과 레브스틱(Linda Levstik)의 내러티브, 즉 학생이 장소, 사람, 사건, 경향 등 여러 정보를 만화, 책, 영화, 유물이나 유적 등 다양한 자료로부터 획득한 정보는 별개의 동떨어진 것이 아니라, 어떤 방식으로든 말이 되게 구조화하여 기억한다는 언급에 주목하면서 구조로서의 내러티브를 강조한다. 한편 조철기(2011, 37)는 내러티브를 사실이건 상상의 것이건 경험을 언어로 하는 방식, 즉 일종의 담론 차원으로서의 내러티브를 강조하였다. 그 외 연구자들의 견해도 이와 비슷하여 내러티브 개념 자체에 대한 교과 교육적 차원의 특별함은 보이시 않는다. 다양한 내러티브 속성에도 불구하고 한국 사회과에서의 내러티브 연구는 여전히 일부 분야에 집중되어 있다.

8 Cogito, ergo sum은 라틴어로서 '나는 생각한다. 그러므로 나는 존재한다.'라는 뜻이다. 합리주의의 대표 철학자인 데카르트는 그의 저서 『방법서설』에서 방법적 회의 끝에 도달한 철학의 출발점은 곧 이것이라고 보았다.

9 클라디닌과 코넬리(2000, 2)는 전설이나 신화, 역사적 사실 등 사건이 담긴 내러티브는 단순한 이야기가 아니라 인과 관계로 기술된다는 점에서, 시간적 전후 관계만으로 완결될 수 있는 스토리와 차별화된다고 한 바 있다.

10 많은 연구에서 내러티브와 스토리는 혼재되어 사용된다. 그러나 본 연구에서는 내러티브와 이야기(스토리)의 의미를 달리 해석하여 사용한다.

11 수업에서의 이야기는 주로 글이나 그림, 혹은 영상 등으로 표현된다. 이야기는 수업에서 일종의 텍스트이며, 학생은 이 텍스트를 통하여 이야기를 직관하거나 추론한다.

12 수업의 구소는 학생의 지식을 지향한다. 이때의 지식은 사실·개념·일반화의 순차적 위계를 통하여 발견되는 지식이 아니라, 내러티브 사고를 통하여 구성되고 생성되는 지식이다. 교사는 학생들이 세계에 대한 지식을 새롭게 생성할 수 있도록 수업을 구성해야 한다. 사회과 수

업의 구조는 교사의 특정한 가르침의 경험을 토대로 사회현상을 자연스럽게 이야기하는 틀로 작동한다. 수업의 구조를 통하여 관련 없어 보이는 개별 사건들이 전체적인 이야기 안에서 관계를 맺는다.

13 세안의 경우, 단원에 대한 전반적 안내와 학급의 실태, 수업 내용에 대한 자료 등 수업을 둘러싼 요인을 상세히 기술한 후 본 차시 지도안을 작성하는 것이며, 약안은 주로 본 차시의 수업지도안을 중심으로 작성된다. 본 연구에서는 본 차시 수업안을 중심으로 논의한다.

14 de Beaugrande와 Dressler가 제안한 7가지 텍스트성(textuality) 중 응결성은 통사적 혹은 문법적 조건으로 텍스트 내 문장 및 표현들 사이의 문법적 관계를 가리키며, 응집성은 텍스트 속 내용들 사이의 의미적 관계를 나타낸다(김진수, 1998, 124). 의도성은 텍스트 생산자가 의도하는 바를 추구하고 달성하기 위해서 텍스트를 사용하는 모든 방식을 가리키고, 용인성은 텍스트 생산자의 목적과 의도를 적극적으로 이해하는 행위를 나타낸다(이재원, 2001, 290). 정보성은 텍스트 속 내용이 텍스트 수용자에게 얼마나 새로운 것인가 또는 얼마나 예상치 못한 것인가라는 정도를 뜻한다(이재원, 2001, 293). 상황성은 발화체와 발화 상황과의 연관 관계(양정호, 2011, 218) 즉, 텍스트와 텍스트가 놓인 상황과의 관련성을 나타내며, 상호텍스트성은 발화체 즉 텍스트와 다른 외부 텍스트 혹은 텍스트 유형과의 연관 관계를 뜻한다(양정호, 2011, 220).

15 이것은 교사가 학생 전체를 대상으로 질문하고 이에 학생 개인이 답변하는 형식이 아니라, 학생 개인이 전체 학생을 대상으로 자신의 의견을 적절하게 제시하는 방식이다. 따라서 교사의 발문에 대답하는 개인의 경우는 교사와 전체 학생간의 작용으로 본다.

2부

16 내러티브와 이야기는 논자에 따라서 같은 의미이거나 별도의 의미로 사용된다. 본 연구에서는 이야기의 구성과 구성의 결과로 만들어진 것은 주로 내러티브로, 내러티브를 구성하는 좁은 의미의 텍스트, 혹은 장면적, 에피소드 적 표현은 이야기로 제시한다.

17 수업의 구조는 학생의 지식을 지향한다. 이때의 지식은 사실, 개념, 일반화의 순차적 위계를 통하여 발견되는 지식이 아니라, 인간 본래의 내러티브적 사고를 통하여 구성되고 생성되는 개인의 내러티브적 지식이다. 교사는 학생들이 세계에 대한 지식을 새롭게 생성할 수 있도록

수업을 구성하는 사람이며, 특정 교사가 구성한 수업의 구조는 그 교사와 학생이 사회현상을 이야기 나누는 독특한 틀로 작동한다. 이러한 수업의 구조를 통하여 관련 없어 보이는 개별 사건과 내용들은 유기적으로 연결된다.

18 김 교사의 실제 수업은 〈표 2-1-1〉의 수업계획과는 차이가 있었는데, 실제로 교사는 실제로 남아메리카 수업을 3차시에 걸쳐서 진행하였다. 이 글은 9차시 아시아 수업 2를 제외한 남아메리카 3차시를 포함한 총 7차시의 수업을 직접 혹은 간접 자료로 관찰, 분석한 내용으로 이루어졌다.

19 정길용(2009)은 이러한 맥락의 방식을 교사의 설명식 수업방법으로서의 내러티브로 보고 있으나, 내러티브의 본질에 비추어볼 때, 이는 수업 방법이라기보다는 수업의 내용과 방법의 조직, 즉 수업의 구조로 보는 것이 옳다.

20 이하 전사 자료 등에서의 진한 글씨체는 수업의 흐름을 이해할 수 있는 소재나 내용의 등장을 의미한다.

21 수업에서의 활동은 일반적으로 수업지도안에서 활동명으로 제시된다. 그러나 본래 모든 수업은 교육활동이다(홍미화, 2013a, 9). 따라서 여기서의 활동은 교사가 수업의 목적 내지 목표를 위하여 수업의 내용과 방법을 유기적으로 관련시키는 활동 전반을 말한다. 활동은 무엇에 참여하고자 하는 의욕을 의미하며 현재의 변화를 모색하는 것으로, 사고를 정지하여 행해지는 행위라기보다는 사고의 활동을 동시에 포섭하는 내러티브적 속성을 갖는다. 이것은 활동 자체가 유목적성을 갖는다는 의미이며, 수업 활동은 곧 수업의 목적성과 연계된다는 것을 말한다. 김 교사는 수업의 목적을 반성적 사유에 두고 있으며, 이를 위한 활동으로서의 학생 탐구를 시도하고 있다.

22 예비교사들은 교육대학교에서 전공필수로 개설된 사회과교육 강좌에서 사회과 영역(지리, 역사, 일반사회)에 대한 선호를 중심으로, 6개의 팀을 구성하고, 각 팀은 영역을 고려하여 초등 사회 교과서의 단원과 주제를 선정, 해당 교육과정과 교과서를 분석하고, 그 결과에 기반하여 사회과 수업을 구성하고 시연하였다. 여기서 이야기하는 역사영역의 수업은 2015 개정 5-6학년 국정 사회 교과서가 개빌 과성에 있었기 때문에 실제 수업은 2009 개정 국정 사회 교과서로 구성, 실행되었다. 이 수업이야기는 역사 영역 수업님의 교육과정과 교과시 분석 및 수업 주제 선정, 수업 실행, 그리고 해당 경과에 따른 모든 관련 자료와 수업 성찰 기록 자료를 토대로 이루어졌다. 수집 자료는 역사 영역 1차 수업구성안과 교과서 분석 및 수업용 자료, 1차 수업시연 후 성찰 기록지와 동료 예비교사의 비평 에세이, 2차 수업지도안 및 수업

자료, 2차 수업 실행과 관련한 성찰 기록지, 그 외 수업 녹취록과 수업 영상자료 등이다.

23 이 글은 일상적인 수업에서 발생하는 연행의 과정을 자연스럽게 이해하는 데 초점을 둔 글이다. 따라서 이 글은 대상 수업에 대한 객관적 해석을 담보하기보다는 정치수업에 대한 새로운 관점과 비평적 접근을 수용하고 해당 수업에 대한 재해석 또한 가능함을 열어 두고자 하였다. 즉 수업을 실천하고 성찰하는 교사와 그 교사의 수업 경험을 이해하고 비평하는 연구자의 수업 담론적 성격의 글쓰기를 고민하고 그 가치를 찾고자 한새로운 시도이다.

24 '정치교실'은 2012년 'EBS 교육대기획 10부작 학교의 고백'에서 5번째로 기획된 것으로, EBS에서는 서울의 어느 6학년 교실을 무대로 하여 정치평론가와 학생이 직접 참여하여 함께 정당을 만들고 이해하는 수업을 영상으로 담고 있다.

25 학생명을 '*○*'으로 표시하였을 때 동일한 학생으로 인식되는 학생명이 있어 이를 구별하기 위하여 '*□*'도 사용하였음.

26 수업자는 학생들의 기권에 대한 의견을 참여의 방식으로 허용하였다. 그러나 교사의 해석과 실제의 선거권에 대한 해석은 다르다. 본래 선거권은 기본적으로 권리로서의 성격만 지닐 뿐 의무로서의 성격은 없다. 수업에서 실행된 정당 투표의 결과, 다수의 학생이 기권을 선택하였고 교사는 이를 두고 많은 논의가 필요함을 확인시켰다. 그런데 수업이 아닌 실제 사회에서는 기권을 투표지에 표기해 두지 않는다. 즉 참여의 여지로 보지 않는 것이다. 실제 선거에서 기권은 투표 결과의 민주적 정당성을 해치는 것으로, 다수의 기권으로 결정된 정당이나 대표는 민주적 정당성을 얻기 어렵다. 기권은 주어진 선거권을 포기하는 것이자 정치적 무관심을 가져오는 것으로 민주주의를 형해화하거나 부정하는 결과를 가져올 수 있다. 따라서 국가는 선거권을 권리로서 부여하되, 투표에의 참여를 강제화하여 선거의 민주적 정당성을 확보하고자 한다. 이에 의하면 수업자가 허용한 투표용지의 기권 표기 방식은 정치참여의 행위로 보기 어렵다.

참고 문헌

강선주(2011). 5학년 역사 내용 구성 방향. **역사교육**, 117, 29-63.

강현석(2009). Bruner의 교육과정 이론에서 지식의 재해석: 지식의 구조와 내러티브의 관계. **교육철학**, 38, 1-34.

강현석(2011). 교과교육에서 내러티브의 의미와 가치. **역사교육논집**, 46, 1-58.

고창규(2013). 초등교사들이 교수학습지도안 작성시 고려하는 '좋은'수업 특성. **인문논총**, 31, 183-213.

곽병현(2008). '역사적 금기 영역'에 대한 역사 수업 방안 -제주도 4.3사건에 대한 '상관주의적 역사해석'을 중심으로. **역사교육연구**, 7, 7-65.

곽혜송·홍미화(2017). '정당 만들기' 프로젝트 수업 이야기: 정치에 참여한다는 것의 의미. **사회과수업연구**, 5(2), 87-112.

곽혜송·홍미화(2023). 초등사회과 수업지도안 텍스트 분석 연구. **사회과교육연구**, 30(1), 95-114

교육과학기술부(2008). **초등학교 교육과정 해설(Ⅲ)**. 한솔사.

교육과학기술부(2010a). **사회 6-2**. 두산동아.

교육과학기술부(2010b). **사회과 탐구 6-2**. 두산동아.

교육부(2015). **사회 5-2**. ㈜천재교육.

교육부(2015). **사회과 교육과정**.

구난희(2017). 텍스트 구조와 수사 표현으로 본 한·중·일 교과서의 발해사 서술. **사회과교육연구**, 24(1), 71-85.

길양숙 (2008). 예비교사가 수업계획과정에서 당면하는 문제, 해결방법 및 기준. **교과교육학연구**, 12(2), 493-513.

김광욱(2008). 스토리텔링의 개념. **겨레어문학**, 41, 249-276.

김명정(2010). 참여 지향적 청소년 정치교육의 과제. **시민청소년학연구**, 1(2), 5-28.

김병연(2018). 들뢰즈의 '사건'으로 지역 지리 교육 읽기. **국토지리학회지**, 52(4), 537-552.

김선욱 (2002). **한나아렌트 정치판단이론**. 푸른숲.

김선욱 (2001). **정치와 진리**. 책세상.

김성우·엄기호(2020). **유튜브는 책을 집어삼킬 것인가**. 도서출판 따비.

김성종·이영주(2015). 교사의 수업 성찰 지원 도구로서 태블릿의 가능성 탐색, 교원교육, 31(4), 55-75.

김승호(2011). 수업지도안의 이론적 배경 탐색, 초등교육연구, 24(3), 97-115.

김영인(1999). 정치참여의 시민교육 효과에 관한 시론, 시민교육연구, 29, 43-66.

김영지(2005). 청소년 참여의 동향과 실제, 청소년문화포럼, 10, 11-36.

김조은(2018). 프랑스 현대 철학의 사건 개념, 철학사상, 70, 63-94.

김조은(2019). 사건의 창안으로서의 예술: 베그르손, 들뢰즈, 리오타르의 경우, 미학, 85(2), 35-79.

김지호(2019). 사건과 되기, 동서철학연구, 94, 349-381.

김진수(1998). 텍스트 언어학의 연구 방법론, 어문연구, 30, 121-138.

김한종(1999). 역사수업 도구로서 내러티브의 구성형식과 원리, 사회과교육학연구, 3, 81-107.

김한종 외(2005). 역사교육과 역사인식. 책과 함께.

류현종(2014). 사건과 정서로 역사수업 읽기: 〈따뜻한 기술: 문익점과 목화〉 수업이야기, 사회과교육연구, 21(1), 43-66.

박기순(2007). 들뢰즈와 스피노자: 무한의 사유, 진보평론, 2007년 봄호(제31호), 41-64.

박민수(2012). 들뢰즈의 사건 철학과 문학, 독일어문학, 20(1), 147-174.

박상현(2013). 수업에 대한 현상학적 성찰의 필요성, 인격교육, 7(2), 27-43.

박용익(2006). 이야기란 무엇인가?, 텍스트언어학, 20, 143-168.

서동욱(2002). 들뢰즈의 철학-사상과 그 원천. 민음사.

송상헌(2006). 이야기체 역사책의 서술실태와 방향, 공주교대논총, 43(1), 37-55.

송효섭(2010). 스토리텔링의 서사학, 시학과 언어학, 18, 163-180.

안정애(2007). 내러티브 교재와 역사학습. 역사교육, 103, 35-67.

양호환 외(2003), 역사교육의 이론과 방법. 삼지원.

이남석(2010). 참여하는 시민, 즐거운 정치. 책세상.

이동원(2007). 초등사회과 교사전문성 담론의 수용과 좋은 수업안 쓰기의 조건, 사회과교육연구, 14(3), 37-51.

이동원(2013). 초등 수업안 쓰기의 양상과 계보 탐색, 학습자중심교과교육연구, 13(3), 361-384.

이영효(2003). 내러티브 양식의 역사서술체제 개발, 사회과교육, 42(4), 93-121.

이재호(2010). 리쾨르와 현대 도덕교육. 교육과학사.

이정연(2011). 내러티브를 활용한 사회과 수업 방안. 한국교원대학교 석사학위논문.

이정우(1998). 들뢰즈와 사건의 존재론, 시대와 철학, 9(1), 139-167.

이정우(1999). 시뮬라크르의 시대. 거름.

이해영(2016). 역사적 사건이 학생들의 생활에 미치는 영향, 학습자중심교과교육연구, 16(1), 79-97.

이혁규·이선경·김향정·박형빈(2012). 초등학교 수업지도안 특성 분석, 초등교육연구, 25(4), 1-29.

이흔정(2004). 내러티브의 교육과정적 의미 탐색, 한국교육학연구, 10(1), 151-170.

전현정·강현석(2009). 대안적 초등교육과정 개발 방향 탐색: Egan의 이야기 형식 모형을 중심으로, 초등교육연구, 22(1), 169-198.

정길용(2009). 초등학교 사회과 수업 방법으로서의 내러티브. 초등교육연구, 22(4), 69-84.

정한호(2010). 수업참여관점에서 바라본 수업지도안 분석연구. 초등교육연구, 23(1), 261-281.

조난심(1993). 전통의 의미와 가치관 교육의 방향. 한국청소년연구, 13, 여름호.

조성욱(2017). 지리교육에서 역사적 사건의 접근 방법과 의미: 1894년 동학농민운동을 사례로. 한국지리환경
교육학회지, 25(3), 109-122.

조인숙(2014). 내러티브의 본질과 학교교육에의 실천적 함의 탐구. 내러티브와 교육연구, 2(3), 49-68.

조철기(2011). 내러티브를 활용한 지리 수업의 가치 탐색. 한국지리환경교육, 19(2), 35-52.

최용규 외(2009). 살아있는 역사수업. 교육과학사.

최은희(2006). 그림책을 읽자 아이들을 읽자. 우리교육.

최혜실(2006). 문화콘텐츠, 스토리텔링을 만나다. 삼성경제연구소.

한명희(2002). 교육의 미학적 탐구. 집문당.

한승희(1997). 내러티브 사고 양식의 교육적 의미. 교육과정연구, 15(1), 400-423.

홍미화·곽혜송·김옥진·배성호·차보은(2016). 민주시민교육에 관한 초등교사 이야기. 사회과수업연구, 4(2),
1-24.

홍미화(2013a). 예비 초등교사의 사회과 수업지도안에 나타난 활동 유형. 사회과수업연구, 1(1), 1-21.

홍미화(2013b). 사회과수업에서의 내러티브의 가치. 사회과교육연구, 20(1), 161-173.

홍미화(2015). 초등 사회과수입에서의 내러티브 활용 양상 탐색. 사회과교육연구, 22(1), 91-109.

홍미화(2017). 내러티브를 활용한 사회과 수업지도안 구성 연구. 학습자중심교과교육연구, 17(7), 567-619.

홍미화(2019). 예비교사의 사회과 수업 성찰 탐색: '정몽주 살인사건' 수업을 중심으로. 사회과수업연구, 7(1),
1-28.

홍미화(2020). 사회과 수업과 교사 지식. 춘천교육대학교 출판부.

Bruner, J. S.,(1960). *Toward a Theory of Instruction*. Harvard University Press.

Dewey, J.(1962). *Experience and Education, Macmillan Publishing Company*, New York. 박철홍 역(2002), 아동과
교육과정·경험과 교육. 문음사.

Panasuk, R. M., & Sullivan, M. M. (1998). Need for lesson analysis in effective lesson planning. *Education*,
118, 330-344.

Annie Ernaux(2000). *L'événement*. 윤석현 역(2019), 사건. 민음사.

Armstrong, A. J. (1999). Improving Student Teacher's Reflection and Personal Practical Knowledge. (ED
459146).

Barbarlet, J.(2002), 서론: 왜 감정이 중요한가. Barbarlet, J.(ed.), *Emotions and Sociology*. 박형신 역(2009), 감정과
시회학. 이학사.

Barthes, R.(1987). Instruction to the structural analysis of narratives. *In Image, music, text: Essays* (trans by Vern
W Mcgee). Austin: University of Texas Press.

Bergson, H. (1938). Introduction à la Métaphysique, *La pensée et le mouvant*, Puf. 이광래 역(2012), 사유와 운동.

문예출판사.

Brophy, J., Alleman, J., Knighton, B.(2009). *Inside the social Studies Classroom*. New York : Routledge.

Bruner, J. S.(1986). *Actual minds, possible worlds*. Cambridge, Mass: Harvard University Press.

Bruner, J. S.(1990). *Acts of meaning*. Cambridge, MA: Harvard University Press.

Bruner, J. S.(1996). *The Culture of Education*. Harvard University Press.

Bruner, J. S.(2001). *Making Stories:Low, Literature, Life*. 강현석·김경수 역(2010), 이야기 만들기: 법, 문학, 인간의 삶을 말하다. 교육과학사.

Carr-Chellman, A. A., & Reigeluth, R. M. (2002). Whistling in the dark? Instructional design and technology in the school. In Reiser, R. A., & Dempsey, J. V. (Eds). *Trend and issue in instructional design technology*, 239-255. NJ: Merrill Prentice Hall.

Chistian, S.(2008), *Storytelling: La machine à Fabriquer des histoires et à formater des esprits.* 류은영 역(2010), 스토리텔링: 이야기를 만들어 정신을 포맷하는 장치. 현실문화.

Clandinin, D. J.& Connelly, F. M. (2000). *Narrative Inquiry: Experience and Story in Qualitative Research*. San Francisco: Jossy-Bass Publishers.

Cobley, P.(2001), *Narrative*. London: Routledge.

Coles, R. (1989). *The call of stories: Teaching and the moral imagination*. Boston: Houghton Mifflin.

Deleuze, G. (1968), *Différence et Répétition*, Puf. 김상환 역(2004), 차이와 반복. 민음사.

Deleuze, G. (1969), *Logique du Sens*, Minuit. 이정우 역(1999), 의미의 논리. 한길사.

Dewey, J. (1910). *How We Think*. 정희욱 역(2011), 하우 위 싱크: 과학적 사고의 방법과 교육. 학이시습.

Dilthey, W.(1979). *Erleben, Ausdruck und Verstehen.* 이한우(역), 체험·표현·이해. 책세상(2002).

Doyle, M., & Holm, D. T. (1998). Instructional Planning through Stories: Rethinking the Traditional Lesson Plan. *Teacher Education Quarterly*. Summer, 69-83.

Eagan, K.(1986). *Teaching as story telling: An alternative approach to teaching and curriculum in elementary school*. The University of Chicago Press.

Eisner, E. W. (1979). The Educational Imagination. *On the Design and Evaluation of Education Programs*(2nd ed), New York: Macmillan, 이해명 역(1999), 教育的 想像力: 교육과정의 구성과 평가. 단국대학교 출판부.

Heidegger, M.(1927). *Sein und Zeit.* 이기상 역(1998), 존재와 시간. 까치.

Jenne, J. T. (1994). Why Teacher Research?, In E. Wayne Ross(ed.), *Reflective Practice in Social Studies*, NCSS Bulletin Number 88, 59-68.

Kagan, J.(2007). *What is emotion?*, 노승명 역(2009), 정서란 무엇인가. 아카넷.

Levstik, L. S. & Barton, K. C. (2005). *Doing History : Investigating with Children in Elementary and Middle Schools*(3rd edition), Lawrence Erlbaum Associates, Inc.

Lyotard, J. F.(1988). *L'inhumain: Causeries sur le temps*, Galilée.

MacIntyre, A.(1981). *After Virtue*, New York: University of Notte Dame Press. 이진우 역(1997), 덕의 상실. 문

예출판사.

Merriam, S. B.(1988). *Case Study Research in Education: A Qualitative Approach*. 허미화 역(1997). 질적 사례 연구법. 양서원.

Nussbaum, M. C.(1995). *Poetic Justice: The Literary Imagination and Public Life*. 박용준 역(2010). 시적 정의—문학적 상상력과 공적인 삶. 궁리.

Nussbaum, M.(1990). *Love's Knowledge*. New York: Oxford University Press.

Palmer, P. J.(1998). *The courage to teach*. 이종인·이은정 역(2005). 가르칠 수 있는 용기. 한문화.

Palmer, R.(1969). *Hermeneutics: Interpretation Theory in Schleiermacher, Dilthey, Heidegger, Gadamer*. 이한우 역(2001). 해석학이란 무엇인가. 문예출판사.

Piaget, J.(1970). *Structuralism*. New York: Harper and Row.

Rankin, J.(2002). What is Narrative: Ricoeur, Bakhtin, and Process Approaches. *Concrescence: The Australasian Journal of Thought*, 3, 1–12.

Rastier, F.(1989). *Sens et textualité*. Paris: Hachette.

Ricoeur, P.(1983). *Temps et récit*, Vol.1. Éditions du Seuil, Paris. 김한식·이경래 역(1999), 시간과 이야기 1. 문학과 지성사.

Ricoeur, P.(1984). *Temps et récit*, Vol.2. Éditions du Seuil, Paris. 김한식·이경래 역(2000), 시간과 이야기 2. 문학과 지성사.

Ricoeur, P.(1985). *Temps et récit*, Vol.3. Éditions du Seuil, Paris. 김한식 역(2004), 시간과 이야기 3. 문학과 지성사.

Schön, D. A. (1991). *The Reflective Turn: Case Studies In and On Educational Practice*. New York and London: Teachers College, Columbia University.

Schön, D. A.(1987). *Educating the Reflective Practitioner*. San Francisco: Jossey-Bass Publishers.

Tierno Michael(2002). *Aristotle's Poetics for Screenwriters: Storytelling Secrets from the Greatest Mind in Western Civilization*. Harper Collins Publishers. 김윤철 역(2008), 스토리텔링의 비밀: 아리스토텔레스와 영화. 아우라.

Van Mannen, M.(1990). *Researching lived experience*. The University of Western Ontario. 신경림·안규남 역(1994), 체험 연구—해석학적 현상학의 인간 과학 연구 방법론. 동녘.

Yin, R. K.(1994). *Case Study Research: Design and Method*. Thousand Oaks, CA: Sage.

Zazkis R., Liljedahl, P. & Sinclair, N.(2009). Lesson Plays: Planning Teaching versus Teaching Planning. *For the Learning of Mathematics, 29*(1), 40–47.

두산백과 홈페이지 http://www.doopedia.co.kr/

찾아보기